Liselotte von der Pfalz

Briefe

Liselotte von der Pfalz
Briefe

Eine Auswahl

herausgegeben von
Dirk Bartel
und
Hermann G. Klein

Hermann G. Klein Verlag
1992

Einband:
HYACINTHE RIGAUD
1659-1743
(Atelier)

Elisabeth Charlotte, Herzogin von Orléans
(Liselotte von der Pfalz)
Öl auf Leinwand, 1713
Herzog Anton Ulrich-Museum, Braunschweig

1992
1. Auflage
Hermann G. Klein Verlag
Neufferstr. 2, W-6720 Speyer
Lithos: Schneider Repro GmbH, 6900 Heidelberg
Druck: Druckerei Gebhard GmbH, 6900 Heidelberg
Buchbinderei: J. Schäffer GmbH & Co. KG, 6719 Grünstadt
ISBN: 3–921797–37–3

Ihr habt recht, zu glauben, daß ich schreibe,
wie ich rede; den ich bin zu naturlich,
umb anderst zu schreiben, alß ich gedencke.
25. Mertz 1696

Elisabeth Charlotte, Herzogin von Orléans, in Deutschland besser bekannt als Liselotte von der Pfalz wurde 1652 in Heidelberg geboren. Ihre Jugend verbrachte sie auf dem Stammschloß ihrer Familie in Heidelberg, aber auch einige Jahre bei der Schwester des Vaters, der Kurfürstin Sophie von Hannover. Liselotte liebte diese Tante über alles und stand bis zum Tode der Kurfürstin 1714 in Briefkontakt mit ihr.

1671 wurde sie von ihrem Vater, dem Kurfürsten Karl Ludwig von der Pfalz, aus politischen Gründen mit dem Bruder des Sonnenkönigs, Herzog Philipp I. von Orléans, verheiratet. Die Ehe verlief nicht glücklich, ihr Mann hatte andere Interessen. Ihr Leben am Hof Ludwig XIV. gestaltete sich immer schwieriger, ihr anfänglicher Einfluß schwand, nicht zuletzt durch mehrere Intrigen gegen sie.

In ihrer Einsamkeit suchte sie sich eine Betätigung. Neben dem Lesen von Büchern und Sammeln von Münzen und Medaillen wurde das Briefeschreiben zu ihrer liebsten Beschäftigung. Regelmäßige Schreibtage an die Tante, die Halbgeschwister und viele europäische Höfe vertrieben die Zeit. Bis zu zwanzig Briefe umfaßte ihr Tagespensum.

Man schätzt, daß sie bis zu ihrem Tod 1722 etwa 60.000 Briefe geschrieben hat, die Hälfte davon in deutscher Sprache. Rund 6.000 Briefe sind uns erhalten geblieben und ergeben das Bild einer gebildeten Frau am Hofe des Sonnenkönigs.

Mit Esprit, freimütig, spöttisch, liebevoll, boßhaft, komisch, derb, mitunter auch zotig wird sie durch ihre Natürlichkeit und ihren Schreibeifer zum Zeitzeugen. Macht, Politik, Klatsch und Intrigen am französischen Hof, ihre alte Heimat und deren Untergang im Pfälzischen Erbfolgekrieg, aber auch die kleinen Sorgen und Nöte ihres Alltags hat sie beschrieben und kommentiert.

Nach der Lektüre der im 19. Jahrhundert gedruckten Briefe in deutscher Sprache fiel eine objektive Auswahl unter mehr als 1000 Textstellen schwer. Die Herausgeber hoffen jedoch, daß sie die wichtigsten Themen der Liselotte in den schönsten Briefstellen gesammelt haben.

Alle Texte wurden mit dem Datum des Briefes versehen, die Buchstaben dahinter bezeichnen den Adressat. (Siehe Literaturverzeichnis). Die Textstellen wurden bewußt in der Originalschreibweise der Liselotte belassen, lediglich einige französische Passagen wurden ins Deutsche übertragen. 28 Reproduktionen von Ölbildern aus der Zeit runden dieses neue Liselotte-Lesebuch ab.
Herausgeber und Verlag danken zahlreichen Museen, Bibliotheken und Archiven für ihre freundliche Unterstützung. Unser besonderer Dank gilt der Schloßverwaltung von Versailles, Madame Certain (Photographie Giroudon, Paris) und — nicht zuletzt — der Pfälzischen Landesbibliothek in Speyer.

Speyer, im September 1992 — Dirk Bartels und Hermann G. Klein

PFALZ

Die Pfaltz ist ein gelobt landt gegen andere länder zu rechnen, den alles ist ja gutt in unßerm lieben vatterlandt, lufft, waßer, wein, brodt, fleisch undt fisch. Wälder seindt nicht unahngenehm, aber heyden seindt langweillig, daß muß ich gestehen, aber offt in den strohütten leben die leütte mitt größern vergnügen, alß in schönne palästen undt auff dem thron. *22.11.1710(G)*

Heidelberg

Ich weiß nicht, waß Ihr die ober vorstatt heist. Wo daß ober thor ist, weiß ich woll, den ich habe gar offt den weg in deß herrn oberamptman von Heydelberg, deß herrn von Landaß, hauß gemacht, so geraht unter dem thiergartten war; offt deß morgendts umb 4 bin ich nunder gangen durch den burgweg undt habe mich dort so voller kirschen gefreßen, daß ich nicht mehr gehen kundt;.. *16.11.1719(G)*

Wahren die trauben, so mach Eüch auß der Pfaltz geschickt, von Schrießheim? Da seindt sie ordinarie gar gutt undt ich finde sie beßer, alß die von der seydt von Rohrbach. Mich deücht, die Heydelberger drauben seindt nicht ungesundt. Ich erinnere mich, daß ich von den Schrießheimer drauben in den weingartten so erschrecklich gefreßen, daß mir der bauch so dick geworden, daß ich nicht mehr gehen konte; hatt mir aber gar nichts geschadt, sondern nur beßere lust zum mittagseßen gemacht. *21.11.1720(G)*

Zu Heydelberg seindt nicht so viel leütte, alß in einem faubourg von Paris, undt die lufft zu Heydelberg ist über die maßen gutt. Die zwey bergen, der Königes-stuhl undt Heyllige-berg, hindern den kalten nordtwindt undt heyßen mittag; daß macht eine gar temperirte lufft, so gar gesundt ist. *7.3.1720(G)*

Ein Pfarrer wollte die kinder in seiner Pfarre aus dem Catechismo examinieren. Die erst Frage im Heidelbergschen Catechismo ist: Was ist dein einiger Trost im Leben und im Sterben? Wie der Pfarrer diese Frage an ein junges Mädchen that, fing sie an zu lachen, und wollte nichts antworten. Der Pfarrer sagte: antworte denn. Da sagte sie: Ei! Herr Pfarrer, weil ich's ja sagen muß, es ist der junge Schuster in der Lämmer-Gassen. *16.1.1719(W)*

Die gutte jungfer Colb betrog ich offt in meinen jungen jahren mitt nachts zu eßen, allein wir aßen nicht so delicatte sachen alß wie chocolatte, caffé undt thé, sondern wir fraßen einen gutten krautsalat mitt speck. Ich erinnere mich, daß man einsmahl in meiner cammer zu Heydelberg ein thür verendert undt derowegen mein undt der Colbin bett in die cammer thate, so vor meiner jungfern cammer war; die Colbin hatte mir verbotten, nachts in der jungfern cammer zu gehen, ich versprach, nicht über die schwelle zu kommen, sie solte sich nur zu bett begeben, ich könte noch nicht schlaffen, wolte die sternen noch ein wenig ahm fenster betrachten. Die Colbin wolte mir nicht trawen, blieb immer ahn ihrem nachtuch sitzen; ich sagte, sie jammerte mich, sie solte sich doch zu bett legen undt den vorhang auffmachen, so könte sie mich ja sehen; das that sie. Sobaldt sie im bett war, machten die jungfern ihre thür auff undt setzten den theller mit dem specksalat auff die schwell; ich that als wenn mein schnuptuch gefahlen were, hub damitt den theller auff undt ging stracks ahns fenster; kaum hatte ich 3 gutte maul voll geschluckt, so schießt man auff einmahl das stück loß, so auff der altan vor meine fenster war, denn es war ein brandt in der statt ahngangen. Die Colbin, so das feüer unerhört fürcht, springt auß dem bett, ich, auß forcht, ertapt zu werden, werfe mein serviet mitt sambt dem silbern theller mitt salat zum fenster ’nauß, hatte also nichts mehr, das maul abzuwischen. In dem höre ich die höltzerne stiege herauff gehen, das war der Churfürst unßer papa seelig, der kam in mein cammer, zu sehen, wo der brand war. Wie er mich so mitt dem fetten maul undt kinn sahe, fing er ahn zu schwöhren:“sacrement, Lisselotte, ich glaub, ihr schmirt euch etwaß auff den gesicht”. Ich sagte: “es ißt nur mundtpomade, die ich wegen der gespaltenen leffzen geschmirt habe”. Papa seelig sagte: “ihr seydt schmutzig”. Da kam mir das lachen ahn, papa undt alle, so bey ihm waren, meinten, ich were närisch worden, so zu lachen. Die raugräffin kame auch herauff undt ging durch meiner jungfern kammer, kam daher und sagte: “ah, wie richts in der jungfern cammer nach specksalat”. Da merckte der Churfürst den possen undt sagte:“ Da ist denn ewer mundtpomade, Lisselotte”. Wie ich sahe, daß der Churfürst in gutter laun war, gestundt ich die sache undt verzehlte den gantzen handel, wie ich die hoffmeisterin betrogen hette. Der Churfürst seelig lachte nur drüber, aber die Colbin hatt mirs lang nicht verziehen. Diß ist eine alte historie, sage sie nur, umb E.L. zu erweißen, daß ich den spaß woll kene, so man in der jungendt hatt, etwaß nachts gegen der hoffmeisterin willen zu eßen… *6.5.1700(T)*

…Ob ich zwar schon woll gewont sein solte, das arme vatterlandt in brandt zu wißen, indem ich seyder langer zeit her von nichts anderß höre, so kan ich doch nicht laßen, allemahl, wenn man mir auffs neüe einen ort nent, so verbrent ist worden, solches zu bedauern undt mitt schmertzen ahnzuhören. Es ist woll eine große charitet ahn E.L., den armen Pfältzern allmoßen zu geben. Letzmahl hatt mir Monsieur was gesagt, das mich recht in der seelen verdroßen hatt undt ich bißher nicht gewust hatte, nehmblich daß der König alle contrebutionen in der Pfaltz in meinem nahmen auffgenohmen; also werden die armen leütt meinen, ich hette von ihrem unglück proffitirt undt were ahn alles ursach, undt das betrübt mich recht von hertzen. Wolte Gott, daß es wahr were, daß man mir alles das gelt geben hette, so man auß der armen Pfaltz gezogen, undt daß man mich damitt gewehren ließe: die armen raugräfflichen kinder undt die armen Pfältzer würden sich gewiß beßer dabei befinden. Aber die warheit ist, daß ich weder heller noch pfennig davon hab zu sehen bekommen… *5.5.1689(T)*

Ich glaube, wen ich Manheim, Schwetzingen, oder Heydelberg wieder sehen solte, glaube ich, daß ich es nicht würde außstehen können undt vor threnen vergehen müste; den wie alle unglück dort geschehen, bin ich lenger, alß 6 monat, geweßen, daß, sobaldt ich die augen zugethan, umb zu schlaffen, habe ich die örter im brandt gesehen, bin mitt schrecken auffgefahren undt lenger, alß ein stundt, geweint, daß ich geschlotzt habe. Waß würde es den sein, wen ich mitt meinen augen sehen solte undt gedencken, daß unßer herr vatter undt bruder nicht mehr sein, wie auch meine fraw mutter! Ich bitte, liebe Louisse, kaufft mir, wo es zu finden ist, eine landtkart vom ampt Heydelberg, last sie sauber auff ein duch kleben, damitt sie nicht zureist, undt schickt sie mir undt schreibt mir, waß sie Eüch kost! *24.11.1718(G)*

Es hatt mich recht in der seelen gefrewet, daß Ihr sagt, daß das gutte ehrliche Heidelberg wider so woll gebawet ist. Gott wolle es vor ferner unglück bewahren! Aber seydt monsieur de Louvois todt, brent undt sengt man nicht mehr wie zu seiner zeit, hoffe also, daß es nicht mehr wirdt gebrendt werden. Ich bitte, schreibt mir, wo Ihr logirt undt in welcher gaß Ihr wondt! Ich mögte auch wißen, ob die heylige-geist-kirch undt die Neckerbrück wider gebawet sein. Warumb lest der churfürst daß schloß nicht wider zu recht machen? Es ist ja woll der mühe werdt. Heydelberg hatt eine gutte lufft, aber sie ist beßer im schloß, alß in der statt.

12.1.1708(G)

Ich weiß noch alles so woll von der Pfaltz, liebe Louisse, daß ich gar gewiß nicht von nohten hette, daß man mich führen solte; wolte woll gantz allein von Heydelberg nach Manheim über Wiblingen, Edingen undt Seckenheim, auch von Manheim nach Franckenthal, nach Wormbs undt auch von Manheim nach Schwetzingen. Von Heydelberg nach Schwetzingen bin ich offt zu fuß undt 2 mahl von Schwetzingen nach Manheim gangen; drumb weiß ich die weg so woll.

8.12.1718(G)

Mannheim

Wo logirt man jetzt zu Manheim, nun keine cittadel noch schloß mehr vorhanden? Ich bilde mir ein, es seye im zolhauß ahn dem Neckerthor. Ich erinere mich noch, daß ich vor 61 jahren, daß ich einmahl mitt I.G. dem churfürsten nach Manheim fuhr. Es war noch keine cittadel damahl dortten (Ihr undt carolline wahret noch nicht gebohren, aber Carllutz war schon gebohren); da logirte man in dem zollhauß, hatte kleine cammerger. Daß war meine zweytte reiß; ich war schon vorher zur Neüstatt geweßen undt ich erinere mich, daß mein bruder s. undt ich mitt einander fuhren, unßere hoffmeister undt hoffmeisterinen, undt ein baum schlug die imperialle von der kutsch ein; da wolten wir unß kranck lachen, mein bruder undt ich wollten unß kranck lachen. *31.8.1719(G)*

Zu meiner zeit brachte man allezeit daß waßer von Heydelberg. Ich habe die lufft von Manheim nie ungesundt dort gefunden, habe mein tag nicht die geringste ungemachlichkeit dort gehabt, zu Schwetzingen auch nicht; aber Manheim war mir lieber, oder, umb recht zu sagen, Friderichsburg, den daß war zu meiner zeit. Ich wolte, daß ich noch einmahl so froh in meinen leben sein konte. alß ich war, wen ich mich in dem mittelsten pavillon fandt. *1.5.1721(G)*

Die Rhein- undt Manheimer-schnacken seindt gifftiger alß die hießigen.

27.7.1719(G)

Schwetzingen

Schwetzingen were beßer den frühling undt sommer zu bewohnen, alß Heydelberg; den man kan beßer dort spatziren im Ketzscher walt, welches ja eine recht schonne promenade ist, wo er noch stehet, undt baldt wirdt man viel gutte ertberen dort finden. Im kleinen weltgen zwischen Schwetzingen undt Heydelberg seindt auch gar gutte, aber zu Heydelberg ahn berg seindt die heydelberen ahm besten. Bey Paris seindt keine zu finden; man bringt mir alle auß Normandie, seindt aber nicht so gutt alß bey unß, viel kleiner, druckener undt sawerer, alß in der Pfaltz.

16.4.1719(G)

Unbekannter
Künstler

Liselotte als
15-jährige
Öl auf Leinwand,
um 1667
*Hessische
Hausstiftung,
Museum Schloß
Fasanerie,
Eichenzell*

Ist der eßsahl noch zu Schwetzingen, der einen ercker hatt, so auff den vorhoff undt die mühl sicht? Zu meiner zeit logirte mein bruder s. in dem apartement. I.G, der churfürst, unßer herr vatter, undt Ewer fraw mutter wahren im zweytten stockwerck, wo die cammern lustiger sein undt über den gartten ins flache felt sehen. Ich logirte just gegenüber die brück undt daß thor vom schloß. Hatt man ein stockwerck hinter diß apartement gemacht, so muß der graben gefühlt sein worden. Habt Ihr meine cammer nicht mehr gekendt? Aber wie nun alles dort geendert ist, würde ich sie woll selber nicht mehr kenen; keinen thurn weiß ich zu Schwetzingen, alß die zwey schwindelstiegen, oder schnecken, welches ganzt oben ein cabinet, so eine schönne außsicht hatt undt wo ma daß schloß zu Heydelberg perfect sicht.

23.10.1718(G)

In dießem augenblick entpfang ich Ewer paquet, liebe Louise, sambt den brieff von baron Görtz sambt den abriß von Schwetzingen, wovor ich Eüch sehr dancke. Daß gutte Schwetzingen ist sehr gewacksen, seyder ich weg bin; ich habe es mühe zu kennen, den es hatt denselben eingang nicht mehr, so es gehabt hatt, noch die 3 balcon, den die brück war gegen meine fenster über, undt nun ist der eingang gegenüber dem alten gebau undt wo die küche war undt oberstleüttenampt Closen cammer. Aber daß kompt nicht zu der advenue von Heydelberg; den die ist gantz auff der lincken handt. Also kan ich gar nicht begreiffen; man muß den graben gantz bedeckt haben undt, wo die mühle im vorhoff war, daß gebäu von der rechten handt gemacht haben. *2.3.1719(G)*

Zu sehen, wie alles nun grün ist undt das wetter warm, kan man singen wie die buben auff dem berg zu Heydelberg frü:

"Stru, stru, stroh, der sommer der ist do,
wir sindt nun in der fasten.
Da leren die bawren die kasten.
Wenn die bawren die kasten leren,
Woll unß Gott ein gutt jahr bescheren.
Stru, stru, stroh, der sommer der ist do".

Das seindt schöne vers, wovon die vorwitzige, so unßere brieffe leßen, gar viel lehrnen undt gelehrt werden werden. *16.4.1707(T)*

In der Pfalz sagen die bawern, daß Mertzenstaub silber undt golt ist, undt das alte sprichtwordt sagt:

"Truckener Mertz, naßer Aprill und kuhler May
Füllt teller undt kasten undt macht viel heü".

15.3.1714(T)

...welche melodey I.G. mein herr vatter über alle melodeyen liebte; die wörtter drauff seindt:

"So laßet das waßer der gänsen drankck sein,
Jederman, jederman drincket gern wein,
Undt sonderlich du und ich.
Die bawern ahm Necker undt über den Rhein
Sie haben viel waßer undt drincken undt drincken den wein".

Diß ist woll ein alt liedt; ich glaube, daß E.L. es auch woll werden gehört haben.

25.2.1714(T)

LISELOTTE ÜBER SICH SELBST

Jugend

I.G. s. unßer herr vatter undt mein bruder s. haben mir offt gesagt, daß ich heßlich sei: ich habe aber drüber gelacht undt mich nie drüber betrübt. Mein bruder hieß mich daksnahß, daß machte mich von hertzen lachen. *22.6.1719(G)*

In meiner Jugend bin ich sehr lustig gewesen, davon ist mir der Name Rauschenplatten Knecht überkommen. *30.4.1720(W)*

...denn ich erinere mich noch gar woll, welch eine hertzliche freüde es mir war, wenn man mir ein christkindtgen gab, undt wie bang ich vor die schüller war, wenn sie mitt dem stern kamen. Aber was mich mercken machte, daß es ein spiel war, ist, daß St. Petrus, so mich führen solte, wo das christkindtgen beschert, mir die handt bot ohne hendtschen undt war grindig undt ich konte mich nicht woll einbilden, daß man im paradeis grindig ist; ich konte nicht laßen, drüber zu lachen, Da sagte die gutte fraw von Harling gleich zu mir, sobaldt das christkindel nicht geglaubt wird, beschert es nichts mehr; undt seyder dem habe ich es nicht mehr zu sehen bekommen. *7.1.1714(T)*

Die Pfaffen auf dem Kloster Iburg, um sich an mir zu rächen, daß ich sie unschuldigerweise verrathen und dem Abt gesagt hatte, daß sie einen Weyer vor meinem Fenster gefischt hätten, welches ihnen der Abt verboten, hatten sie mir

GERRIT BERCKHEYDE
1638-1698

Heidelberg von Nordosten
Öl auf Leinwand, um 1670
Kurpfälzisches Museum der Stadt Heidelberg

anstatt Wasser, immer einen gar weissen Wein zugeschüttet. Ich sagte: ich weiß nicht, was das für ein Wasser ist, je mehr ich es in meinem Wein thue, je stärker wird er. Die Pfaffen lachten und sagten; wir haben gar guten Wein. Wie ich von der Tafel gieng, wollte ich in den Garten gehen, hätte man mich nicht gehalten, wäre ich im Weyer gefallen; sobald ich auf dem Boden fiel, schlief ich ein, man trug mich auf meine Kammer und legte mich zu Bett. Ich wurde erst Abends um 9 Uhr wacker, erinnerte mich doch alles wohl. Es war an einen grünen Donnerstage. Ich klagte dem Abt was seine Pfaffen mit gethan hatten, sie wurden ins Gefängnis gesteckt. *10.9.1720(W)*

Des Königs in Engelland Geburtstag erinnere ich mch als wenn's heute wäre. Ich war schon ein muthwillig vorwitzig Kind. Man hatte ein Puppe in einen Rosmarien-Strauch gelegt, und mir weis machen wollen, es wäre das Kind, wovon ma tante niedergekommen; in der Zeit hörte ich sie abscheulich schreien, denn Ihro L. waren sehr übel, das wollte sich nicht zum Kinde im Rosmarien-Strauch schicken. Ich that als wenn ich's glaubte, aber ich versteckte mich, als wenn ich Versteckens mit dem jungen Bülau und L.A. Harthausen spielte, glischte mich in ma tante Präsenz, wo I.L. in Kindesnöthen waren, und versteckte mich hinter einen großen Schirm, so man vor die Thür bei dem Kamin gestellt hatte, man trug das Kind gleich zum Kamin, um es zu baden, da kroch ich heraus. Man sollte mich streichen, aber weden des glücklichen Tages ward mit nur gezürnt. *11.6.1720(W)*

Frankreich

Wer daß lachen vertreiben will, mag sich nur in Franckreich heürahten, es wirdt einem baldt genung vergehen. *28.5.1699(G)*

Hätte mich mein Hr. Vater so sehr geliebt, als ich Ih.K. seel hätten sie mich nicht in ein so gefährliches Land geschickt wie dieses, wohin ich wider Willen aus purem Gehorsam gegangen bin. *29.4.1716(W)*

…undt wen ich den wißen könte, was ich nun weiß, würde mich Franckreich gewiß nicht zu sehen bekommen undt diß mehr, alß auß einer ursach. *17.5.1688(G)*

Daß ich nicht so viel einkommens hab, alß ich vor meinen standt haben solte, das ist der printzes Palatine schuldt, sie hatt meine heürahtsverschreibung ärger auffsetzen laßen, alß die geringste bürgersdochter von Paris. Ja, hette Monsieur nichts auß der Pfaltz von mir bekommen, hette ich nichts vom meinen pretendiren können alß 14000 francken. Da ist eins; zum andern haben unß meins sohns leütte betrogen undt mein wittum undt einkünfften viel hoher gelieffert, alß sie eintragen; undt zum dritten, so hatt auch mein schatzmeister 200 000 thaller gestollen undt ist drüber gestorben undt hatt sein diebstahl so versteckt, daß man nichts finden kan, es wider zu ersetzen. Die zeitten sein böß, man wirdt übel von König undt meines sohns leütten bezahlt; das setzt zurück und macht schulden, also daß ich ahnstatt reich vor meinen standt recht arm bin… *18.2.1712(T)*

Tagesablauf

Ich bin gestern gar frühe schlaffen gangen, habe 9 uhr in bett gezehlt undt bin gleich drauff entschlaffen, umb halb 5 erst wacker worden, hab geschelt, feüer machen laßen, die cammer zu recht stellen. Unterdeßen habe ich mein morgen-gebett vericht, nach halb 6 bin ich auffgestanden, habe mich ahngezogen, ein par gutte strümpff von castor ahngethan, einen tugendten unterrock undt über dieß alles einen langen, gutten, wattenen nachts-rock, welchen ich mitt einen großen, breytten gürttel fest mache. Wie daß geschehen, laß ich zwey lichter ahnzünden undt setze mich ahn meine taffel. Da wist Ihr nun, liebe Louise, meine morgendts-arbeydt wie ich selber. Ich schreibe biß halb 11, den laß ich mein hönigwaßer bringen, wasche mich so sauber, alß ich kan, reibe mein schmertzhaffte knie undt schenckel mit eau vulneraire, so mir mein docktor gerahten, schel hernach, laß alle meine cammer-weiber kommen, setze mich a ma toillette, wo alle leütte, mans- undt weibspersonnen herrein kommen, unterdeßen daß man mich kämbt undt coeffirt. Wen ich coeffirt bin, gehen alle mansleütte außer meine docktor undt balbirer undt apotecker hinauß, ziehe schu, strümff undt calson ahn, wasche die handt. In der zeit kommen meine damen, mich zu bedinnen, geben mir die handt zu waschen undt daß hembt, alß den geht alles docktor-geschir fort undt kompt mein schneyder herrein mitt meinem kleydt; daß ziehe ich gleich ahn, so baldt ich mein hembt ahngethan. Wen ich wider geschnürt bin, kommen alle mansleütte wider herrein; den mein manteau ist so gemacht, daß, wen ich geschnürt bin, so bin ich gantz fertig, den alle meine unterröck seindt mitt nesteln ahn mein leibstück gebunden undt le manteau ist auff mein leibstück genehet, daß findt ich sehr gemachlich. Nach dem ich gantz ahngezogen, welches ordinarie umb 3 viertel auff 12 ist, gehe ich in die capel. Die meß wehrt auffs lengst anderthalb viertelstundt, gleich hernach kompt junker Wend alß erster haußhoffmeister undt rufft mich zur taffel; unßer eßen wehrt eine gutte stundt. Alle montag, mittwog undt sambstag fahr ich umb halb 2 zu Chausseraye nach Madrit; hab ich aber zu Paris zu thun, fahr ich mitwogs oder sambstag hin in Carmelitten, wo wir die meß horen, fahren hernach zum könig, von dar au Palais-Royal zu madame la duchesse d'Orléans, wo ordinarie mein sohn auch hin kompt, gehe hernach mitt allen seinen kindern undt meinen damen ahn taffel. Mein sohn speist gar selten zu mittag; den er kan nicht mitt seinem kopff arbeytten, wen er geßen undt gedruncken hatt. Nach dem gegen

JOHANN BAPTIST
DE RÜLL
um 1634-1685

Kurfürst
Karl Ludwig
von der Pfalz
Öl auf Leinwand, 1676
Kurpfälzisches Museum der Stadt Heidelberg

3 fahr ich auß, thue meine vissitten zu printzessinen du sang oder zu unßerer hertzogin von Hannover, hernach fahr ich wider ins Palais-Royal. Mittwogs gehe ich in die frantzösche undt sambstag in die ittallienische comedie; wen die zu endt, gehe ich wider in kutsch undt fahr wider her undt den zu bett, sagt jene braut. Donnerstags undt sontags, ehe man in kirch geht, fahre ich im gartten spatziren in dießer zeit undt im sommer nach der kirch. Freytag undt dinstag gehe ich gar nicht auß, habe die zwey tage zu viel in Englandt undt Lotteringen zu schreiben. Sontag, mittwog undt sambstag leße ich morgendts in der Bibel. Da wist Ihr nun, liebe Louise, unßer gantzes leben, alß wen Ihr hir bey unß wehret. *5.11.1721(G)*

Zeitvertreib und Langeweile

Es wäre mir schwer, von stadts-sachen zu schreiben; den da weiß ich kein wordt von undt wolte auch nichts davon wißen; den da werde ich mich woll mein leben nicht in mischen. Ich bin allein gar nicht ambitieux, sondern auch gantz persuadiert, daß es der weiber sache nicht ist, daß sie, wen sie sich drin mischen, nur alles verderben, wie ich hir in dießem hoff nur zu viel gesehen undt erfahren habe, welches mir einen rechten abscheü davor geben; finde, daß es ein recht gewißens-sach ist, sich in sachen zu mischen, so man nicht recht verstehet, undt welches allerhandt ungerechtigkeiten nach sich zieht. Bewahr mich mein gott davor! Ich halte ungerechtigkeit vor eines von den grösten sünden von der welt. Wer sich in nichts mischt, hatt nicht zu verantwortten weder vor gott, noch der welt; will lieber vor eine einfaltige sotte passiren, alß in der that eine boßhafftige undt interessirte sein. Ich sehe gar wenig leütte, höre also wenig reden, noch raisoniren; wie ich niemandts dinnen kan, will mich auch niemandts suchen, lebe hübsch still vor mich hin, welches mir gar nicht mißfahlt. Schickt es sich nicht sonderlich zum meinem standt, so schickt es sich doch zu meinem alter undt humor; laß mich also nicht mercken, daß ich es observire, damitt es nicht endern mag. Mein sohn muß es machen, wie daß alte teütsche liedt lautt:

Ich laß die leütte sagen,
Ich gedencke, waß ich will;
Die sich umb mich viel plagen,
Die gelten bey mir nicht viel. *22.3.1721(G)*

Der hoff wirdt baldt sehr lehr sein; daß ist aber meine geringste bekümmernuß, den es geht mir keine geselschafft dran ab, den ich bin den gantzen langen tag allein in meinem cabinet undt die zeidt wirdt mir nicht lang, findte die tage zu kurtz, habe viel blumen vor meinen fenster, viel hündtger, so ich recht lieb habe, gegrabene steinger, viel bücher; damitt kan ich mich gar woll amussiren undt damitt geschicht weeder gott noch der welt verdruß. Eine von meinen schönsten hündinen ist im kindbett hir in meinem cabinet. *22.4.1702(G)*

Ich findt, daß in einsambkeit leben woll so gut ist, alß der hoffschwarm; in der einsambkeit hat man sich in nichts zu zwingen, welches nicht eine geringe sache in meinem sinn; waß man ließt, divertiert so woll alß waß man hört. Fliegenjagt da ergötze ich mich auch mit; ich klappe sie aber nicht, sondern habe zwey kleine gläßerne fleschgen auf meinem tisch vor mir stehen, darin ist honig undt waßer, darinen fangen sich fliegen undt mucken, das amusirt mich recht. *28.9.1719(H)*

Ich halte aber auch eine starcke diette, eße undt drincke deß tags nur ein mahl, nehmblich zum mittags-eßen drincke undt eße ich wie ich all mein leben gethan, aber den gantzen tag nichts, alß abendts umb 9 uhr daß in heiß waßer geklopffte eydotter mitt zucker undt ein wenig zimmet; darauff ziehe ich mich auß undt gehe nach bett. Gestern wahr es nur ein viertel auff 10, wie ich mich zu bette legte, habe aber nicht desto beßer geschlaffen, den 4 verfluchte schnacken haben mir eine widerliche serenade vor jedem ohr gebracht undt daß gantze gesicht verbißen, daß es mich noch brendt undt beist, daß ich nicht daweren kan. Man möchte sich kratzen biß auffs bludt, bin deßwegen auch 5 viertelstundt spatter auffgestanden, alß ordinarie. Es seindt unleydtliche mucken, sie machen einem mitt ihrem verfluchten gesang recht boß. *2.7.1719(G)*

Gleich nach dem eßen habe ich nach meiner schlimmen gewohnheit eine stundt geschlaffen, hernach wie ich wacker worden, habe ich 5 brieff geleßen, so alle gar groß waren, das hatt mich biß auff dieße stundt auffgehalten. Nun sitze ich vor meinem schönen fenster, wo es schön undt kühl, zwischen zwey vögelger, so singen: ein rohtbrüstgen undt canarievögelgen; vor mir sitzt mein papagay undt umb mich herumb seindt meine hündger, die spiellen mitt einander, undt geraht hinter mit stehet die fraw von Rotzenhaussen undt kratzt mir den rücken, wo mich eine schnack gestochen;.. *19.6.1712(T)*

Seyder dem ich auffgehört, zu schreiben, hette ich mir schir den halß gebrochen, Ich habe ein buch von meiner taffel hollen wollen bey meinem papagay; der hatte kirschen geßen undt die kern auff den boden fallen laßen, darauff bin ich geglitscht. Ich habe mich ahn deß papagay stock erhalten, der war aber zu leicht undt ist mitt mir naußgeburtzelt; habe mir doch, gott lob, keinen schaden gethan; mein kopff

PIERRE MIGNARD
1612-1695
zugeschrieben

Bildnis der
Liselotte von der Pfalz
als Herzogin von
Orléans
Öl auf Leinwand,
um 1678
Historisches Museum
der Pfalz, Speyer

ist auffrecht blieben. Ich habe so herztlich gelacht, daß ich nicht mehr habe auffstehen können. Alle meine leütte haben gemeint, ich were blessirt. Daß hatt mich noch mehr lachen machen, aber ich habe mich, gott lob, nicht wehe gethan.

22.6.1719(G)

Ich erinne micht nicht mehr, wo es in der h. schrifft stehet, daß man altem weibergeschwetz nicht glauben solle, aber baldt werde ich interesse haben, solches nicht mehr zu citiren, denn ich fange auch ahn nicht mehr jung zu sein.

27.12.1696(T)

Wen man durch trübsall seelig wirdt, habe ich ahn meine seeligkeit gar nicht zu zweyffelen; den deren habe ich viel mehr hir im landt außgestanden, alß lust, noch freüden, daß weiß gott. *10.5.1715(G)*

Wenn man jungfer wider kan werden, nachdem man in 19 jahren nicht bey sein mann geschaffen hatt, so bin ich es gar gewiß wider... *2.9.1696(T)*

Baden

Da geht madame de Berry eben auß meinem cabinet undt wirdt nunder ins waßer baden gehen. Ich glaube, daß daß waßer heütte gutt warm wirdt sein; den es ist heütte eine so unaußsprechliche hitze, daß man verschmachten mögte. Baaden were aber meine sache nicht, habe dieße lust mein leben nicht begreiffen können

17.7.1718(G)

Aber ich muß mich eyllen, den ich habe heütte viel zu thun; man muß mir die haar schneyden undt die nägel, met verloff, met verlöff, wie die fraw von Woltzogen alß pflegt zu sagen, ahn den füßen undt die füß waschen. *9.6.1718(G)*

Ehestand

Ich gestehe, daß ich nichts guts ahm ehestandt finde, wie man es auch wenden undt threhen mag. Were ich mein eygener herr geblieben, hette ich mich eben so wenig geheüraht, alß Ihr, liebe Louise! Daß man sich daß erste mahl heüraht, wen die eltern es haben wollen undt der gehorsam einem dazu obligirt, daß ist leicht zu begreiffen; aber waß ich mein leben nicht habe begreiffen können, ist, wie eine witwe sich resolviren kann, wieder zu heürahten. Den entwetter ist sie im ersten heüraht glücklich geweßen oder nicht, hatt sie einen man gehabt, so sie hatt lieben können oder nicht. Hatt sie ihn geliebt, wie ist es möglich, daß man einen andern in deßen platz setzen kan, mitt ihm zu leben, zu eßen, zu drincken undt zu schlaffen? Daß kompt mir abscheülich vor. Hatt man aber einen man gehabt, so einen gequählt hatt undt übel mitt einem gelebt, wie kan mans wagen, wider in ein solch unglück zu fallen? Also wie man es auch wenden undt threhen mag, kan ich nicht begreiffen, wie man sich ohne den bloßen gehorsam der ältern heürahten kan.
20.6.1720(G)

Stilles Örtchen

Ich habe nicht gleich nach dem eßen schreiben können, den ich habe meinen vettern, printz Carl von Hessen-Philipsthal, in meiner cammer gefunden. Nachdem ich I.L. ein wenig entretenirt undt ein par wort ahn monsieur de Mavovispis undt monsieur Martine geschrieben, hernach bin ich hingangen, wo niemandt vor mich hingehen kan, undt ahn dem ort bleibe ich lang, den ich leße ordinari; dort habe ich 3 tabletten voller bücher, nehme baldt eins, baldt daß ander undt amussire mich so mitt. Wie ich wieder herrein kommen, bin ich entschlaffen undt werde nun erst wacker, da es 4 schlegt. *29.5.1721(G)*

Natur

Ich sehe, daß die gräffin von Solms meines sines ist, daß es viel ahngenehmer ist, auff dem landt zu wohnen, alß in den grösten undt schönsten stätten. Ich sehe lieber bäume undt ertreich, alß die schönsten palast, undt lieber einen küchengartten, alß die schönsten gärtten, mitt marmel undt springbrunen geziehret, undt lieber eine grüne wieße lengst einer bach, alß die schönsten vergülten cascaden; mitt einem wordt, waß naturlich ist, gefelt mir beßer, alß alles, waß die künste undt magnificentz erdencken mag. Solche sachen deügen nur im ersten ahnblick, sobaldt mans aber gewohnt ist, denckt man nicht mehr dran, undt waß noch mehr ist, man wirdt baldt müdt; aber naturlich waßer, wießen undt wälder kan ich mein leben nicht müdt werden. *23.2.1719(G)*

Ihre Hunde

Meine hündchen bemühen sich mehr, mir zu gefahlen, alß E.L. meinen, den sie seindt jalous von einander; also erdenckt ein jedes waß, umb beßer dran zu sein: Rachille setzt sich ordinarie hinter mich auff mein stuhl, Titti legt sich neben mir auff die taffel, wo ich schreibe; Mille Millette legt sich unter meinen rock auff die füße; Charmion, ihre mutter, schreydt biß man ihr einen stuhl neben mir setzt,

PIERRE PATEL
um 1605-1676

Versailles
Ansicht des Schloßes und der Gärten
Öl auf Leinwand, 1668
Schloß Versailles

worauff sie ligt; Charmante liegt auff der ander seytten auff meinem rock; Stabdille sitzt auff einem stuhl gegen mir über undt macht mir minen, undt die Charmille ligt unter meinem arm; undt so seindt sie schir den gantzen tag. *18.5.1703(T)*

Es geschahe mir gestern etwaß possirliches, ehe ich nach St. Germain fuhr. Ich saß auff meinem loderbett undt sprach mitt made la princes; eines von meinen hündger kompt undt winselt undt springt auffs bett undt legt sich hinter mich. Ich fühlte, daß es sich etlichmahl trehet, ich wolte es niederliegen machen, that die handt hinter mich, fühlte was naßes; wie ich darnach sehe, hatt sie mir ein hündtgen auff den rock gemacht; es seindt hernach noch 3 andere kommen. Mad. la princesse hatt woll von hertzen über dieße avanture gelacht... *17.7.1704(T)*

Seefahrten

Ich gestehe, daß ich gantz keine lust auff der see finden kan; vor daß versauffen, da denck ich nicht ahn, aber in einen kasten eingespert zu sein bey vielle krancken, so nichts thun, alß klagen undt kotzen, nichts, alß lufft undt waßer, zu sehen, daß ist mir ganzt unleydtlich, ohne zu rechnen, daß man selber kotzen muß, welches mir abscheülich vorkompt. Ich thue nichts ungerners, alß mich übergeben, fürchte also alles, waß ich hir sage, mehr, alß daß verdrincken. Ich finde das meer langweylig, verdrießlich undt unleydtlich, also müste man mir woll hoch verobligirt sein, wen ich jemandts über die see besuchen solte. *22.5.1692(G)*

Wäre lieber ein Mann gewesen

Ich bin mein Lebetage lieber mit Degen und Flinten umgegangen, als mit Puppen; wäre gar zu gern ein Junge gewesen, und das hätte mir schier das Leben gekostet, denn ich hatte erzählen hören, daß Maria Germain vom Springen zum Mannsmenschen geworden, das hat mich so erschrecklich springen machen, daß es ein Mirakel ist, daß ich nicht hundertmal den Hals gebrochen habe. *18.8.1718(W)*

…den es mir all mein leben leydt geweßen, ein weibsmensch zu sein, undt churfürst zu sein, wehre mir, die wahrheit zu sagen, beßer ahngestanden, alß Madame zu sein; aber weillen es gottes willen nicht geweßen, ist es ohnnöthig, dran zu gedencken. Daß landt hette ich nicht geschunden, wie dießer churfürst thut, undt alle religionen woll in ruhen gelaßen. Ich wolte lieber churfürst, alß könig in Englandt, sein. Der Engländer humor undt ihr parlement stehet mir gar nicht ahn, gönne es ma tante beßer, alß mir; die wirdt auch beßer mitt ihnen umbzugehen wißen, alß ich würde gethan haben *15.5.1701(G)*

Aussehen

Ich muß von hertzen lachen, liebe Amelise, daß Ihr findt, daß ich in meinem contrefait, so ich ma tante geschickt, schon undt woll außsehe. Wen ein groß dick gesicht, plat maul undt kleine enge augen waß schons sein, so bin ichs gar gewiß undt werde noch alle tag schönner; den ich werde noch alle tag dicker.

18.11.1706(G)

Wie E.L. Dero Lisselotte gesehen undt sie so woll lauffen und springen konte, war sie leicht undt jung; nun bin ich alt undt schwer, das gibt große verenderung. Ich bin gewiß, daß wenn ich so glücklich were, daß E.L. mich ahn einem ort sehen könten, so sie nicht vermuhten, daß ich da were, wenn ich nicht redte, würden sie mich ohnmöglich kennen. Meine verruntzelte augen, meine hengende große backen, meine schneeweiße haar, meine höhle zwischen den ohren undt backen, undt mein groß dopelt kin würde E.L. gar nicht ahn Lisselotte erinern. Ich gleiche mir selbsten in nichts mehr, mein langer halß ist ganz kurtz geworden, habe nun dicke breytte schulteren, abscheüliche dicke hüfften; meine bein seindt mehr alß dick, denn sie seindt sehr geschwollen. Da sehen E.L. woll, daß sie mich in dießer figur gar nicht kenen würden. Wenn ich den mundt auffthue, seindt meine zähn auch sowoll in einem ellenden standt: einer ist gebrochen, der ander ist schwartz, die überigen seindt zerbrochen; summa: überall ist ellendt in meiner gantzen person. Aber was will man thun? man muß woll sein parthie nehmen in was nicht zu endern stehet... *10.12.1712(T)*

Alter

Ich schnarch unerhört, seyder ich so unmäßig fett gewortten bin, gehe derowegen zu Versaille, wenn man predigt, nicht 'nunder wo der König sitzt, denn ich fürcht alß ich werde ihm ein gesetzgen daher schnargen, gehe derowegen in die tribune, wenns predigttag ist *1.8.1708(T)*

Ihr müßt Eüch auch keine schwere gedancken machen, ob ich zwar nicht allemahl woll; wen man, wie ich, schon etliche jahr über die 60 ist, kan man keine gar bestandige gesundtheit mehr hoffen, es geht alß der stiege nunder, biß man gar

PIERRE DENIS MARTIN
um 1663-1742

Schloß Chambord
im Vordergrund der Herzog von Orléans
(Sohn der Liselotte) auf der Jagd
Öl auf Leinwand, 1723
Schloß Versailles

unter die erden kompt. Hirauff ist zu sagen, wie unßere liebe churfürstin s. alß pflegt zu sagen: “Wir müßen der natur lauff gehen, gott wirdt nichts neües vor unß machen.” *1.9.1716(G)*

Daß ist woll gewiß, daß lang alt leben kein spaß ist; die jugendt ist zu kurtz, kaum spürt man, daß man jung ist, so wirdt man alt. Gestern sagte man, daß eine none kürtzlich gestorben so 135 jahr alt war; die hatt ein lang alter gehabt. Daß verlange ich woll nicht; aber wen man lang jung bleiben könte, daß were ein andere sach, da solte einem woll daß maul nach wäßern. *20.3.1718(G)*

Es geht mir, liebe Louise, wie allen gar alten weiber; eine stundt ist man gesundt, die ander stundt kranck, daß muß man so gewartig sein, biß es gar außgehen wirdt. Ich gebe mich hirin gantz in den willen gottes, wie es gott mitt mir machen will, es seye zum leben oder zum sterben, folche hirin gantz dem lutherischen liedt von “Ich hab mein sach gott heimbgestehlt”. *4.9.1721(G)*

Aber ich bin leyder zu nichts mehr nutz, förchte, baldt kindisch zu werden, verliehre daß gedächtnuß, kan kein eintzigen nahmen mehr behalten; daß ist der rechte weg, umb recht zu radottiren undt kindisch zu werden, werde baldt mitt pupen spillen, undt wen daß ist, so ist man wahrlich beßer todt, alß lebendich. *23.10.1721(G)*

Ewige Ruhe

Wolte gott, ich könte glauben, daß man sich in jener weldt sehen wirdt undt kenen könte! so würde mir der todt leichter ahnkommen. Allein weillen in jener welt sein wirdt, waß kein aug gesehen, kein ohr gehört undt nie in keines menschen hertz kommen ist, also ist nicht zu glauben, daß etwaß dort wie hir wirdt sein. Zu dem so glaube ich, daß, wen man sich in jener weldt dießer erinern können würde, man nicht durchauß glücklich in der seeligkeit, noch durchauß unglücklich in der verdamnuß sein können; den man würde sich doch immer vor die interissern, so man lieb hatt, undt part nehmen, wens ihnen woll oder übel gehen würde. Also schließe ich, daß jene weldt gantz waß anderst sein müße undt daß man ahn nichts mehr gedencken wirdt, alß ahn unßern herrgott undt den zu loben. Daß ist meine meinung, liebe Louisse! Also kan mich mein eygener todt nicht trösten über die, so ich verlohren haben; es kan mich nur trösten, alles, waß hir böß undt verdrießlich ist, zu verlaßen undt eine ewige ruhe zu genießen. *23.8.1714(G)*

Aus dem letzten Brief

Hertzallerliebste Louise, die zeytung, so ich Eüch heütt von meiner gesundheit zu sagen habe, werden Eüch woll gar nicht gegenfahlen. Ich werde taglich ellender, mogte woll ein schlimm endt nehmen, aber ich bin, gott lob, zu allem bereit, bitte nur den allmachtigen, mir gedult zu verleyen in meinen großen schmertzen, so ich nacht undt tag außstehen muß, so woll durch meine erschreckliche schwachheit, alß auch sonsten mein ellender leben. Ob ich noch davon kommen werde, mag gott wißen; die zeit wirdts lehren, aber ich bin noch nicht so übel geweßen, alß nun...

Nimbt mich gott zu sich, müst Ihr Eüch in dem getrösten, daß ich ohne reü noch leydt sterbe, die welt gern verlaße in der hoffnung, daß mein erloßer, so vor mich gestorben undt aufferstandten ist, mich nicht verlaßen wirdt, undt wie ich ihm trew geblieben, daß er sich auch meiner ahn meinem letztenn endt erbarmen wirdt. Auff dieß vertrawen leben undt sterbe ich, liebe Louise! Es mag im überigen gehen, wie gott will. Es seindt viel leütte, so sich nun über husten undt schnupen beklagen; ich bin kräncker, alß dieß, undt werde tagtlich ärger…

Aber, aber erhelt mir gott daß leben biß übermorgen, werde ich andtwortten, nun aber nur sagen, daß ich Eüch biß ahn mein endt von hertzen lieb behalte.

3.12.1722(G)

IHR MANN

In der That war Mons. seel. ein guter Herr, hätten I.L. ein wenig mehr Stärke gehabt, den Favoriten nicht so sehr zu hören, wäre es der beste Herr von der Welt gewesen. Ich hatte ihn lieb, ob er mich viel hat leiden lassen, aber in den 3 letzten Jahren war alles geändert, ich habe ihn gewonnen, selber mit ihm über seine Schwachheiten zu lachen, und alles ohnen Zorn in Vexirung zu drehen. Er hat nicht mehr gelitten, daß man mich verläumdet, und bei ihm angetragen hat, hatte ein recht Vertraun zu mir, nahm allzeit meine Parthen, die Favoriten durften mich nicht mehr plagen, denn er hatte declarirt, daß er nichts mehr leiden wolle.

13.6.1719(W)

ADAM FRANS VAN DER MEULEN
1632-1690

Schloß Vincennes
Öl auf Leinwand, o.J.
Museum Carnavalet, Paris

Es ist lengst, daß ich vor solch ungemach sicher bin, undt nach meiner dochter kindtbett habe ich kein gefahr dazu außgestanden, denn Monsieur hatt gar baldt hernach lit à part gemacht, undt der handel gefile mir nicht genung, Monsieur seelig zu bitten, wider in mein bett zu kommen. Wenn I.L. in mein bett schlieffen, mußte ich so auff dem bordt liegen, daß ich etlichmahl im schlaff auß dem bett gefahlen bin, denn I.L. konten nich leyden, daß man ihn ahnrührte, undt wenns mir ungefehr im schlaff geschach, daß ich ein fuß außstreckte undt ihn ahnrührte, so machte er mich wacker undt filtzte mich eine halbe stundt; ich war also hertzlich fro, wie I.L. von sich selber die parthie nahmen, in dero kammer zu schlaffen undt mich ruhig in mein bett liegen zu laßen, ohne forcht gefiltzt zu werden, oder auß dem bett zu fallen. *21.1.1703(T)*

Alles silberzeug, so auß der Pfalz kommen, hatt Monsieur verschmeltzt undt verkaufft undt alles den buben geben; teglich kommen neüe ahngestochen; alle feine juwellen werden verkaufft undt versetzt, gelt drauff gelehnt undt den jungen leütten geben, also daß, da Gott vor sehe, wenn Monsieur heütte zu sterben kommen solte, muß ich morgen bloß von des Königs gnaden leben undt werde das brodt nicht finden. Monsieur sagt überlautt undt hatt seiner dochter undt mir nicht verhelt, daß weillen er ahnfange, alt zu werden, habe er eine keine zeit zu verseümen, wolle alles ahnwenden undt nicht sparen, umb sich biß ahn sein endt lustig zu machen, daß die, so lenger alß er leben würden, zusehen mögen, wie sie ihre zeit zubringen, daß er sich selber lieber hette alß mich undt seine kinder.

7.3.1696(T)

Mons. tanzte wohl, aber wie eine Dame, er konnte nicht als ein Mann tanzen, denn er trug die Schue zu hoch. *1.3.1720(W)*

Tod Philipps von Orléans

Nun ich von meinem ersten schrecken ein wenig ersetzet bin, kan ich nirgendts beßer trost in meinem unglück suchen, alß bey E.L., welche sein was mir in der welt ahm liebsten ist. Ich will, also mein hertzlieb ma tante alles verzehlen. Vergangen Mittwoch morgendts war Monsieur seelig noch gantz frisch undt gesundt; fuhr nach Marly, aß dort perfect woll zu mittag mitt dem König. Nach dem eßen fuhren I.L. nach St. Germain, kamen abendts umb 6 wider gantz lustig, verzehlte unß, wie viel tabourets er bey der Königin in Engellandt gesehen. Gegen 9 solte ich zu nacht eßen, konte aber nicht eßen, denn ich hatte noch 4 stundt das fieber gehabt; Monsieur seelig sagte zu mir: *"Ich gehe zum essen und mache es nicht wie sie, denn ich habe großen Appetit"*, geht damitt ahn taffel. Eine halbe stundt hernach höre ich ein geraß, sehe mad. de Vantadour bleich wie der todt in meine camer kommen, die sagt: *"Monsieur geht es schlecht"*. Ich lauff gleich in I.L. kammer; sie kanten zwar woll, konten aber nicht reden, daß man es verstehen konte; so viel konte ich nur hören: *"ihr seid krank, geht zu euch"*. Man hatt I.L. dreymahl zur ader gelaßen, 11 oncen emetique geben, waßer von Chaffhausen, gouttes d'Angleterre 2 bouteillen voll, aber nichts hatte geholffen; gegen 6 morgendts hatt es sich gantz zu endt getrehet. Da hatt man mich auß der cammer mitt gewaldt geschlept, war wie ohnmächtig; man legte mich zu bett, ich konte aber nicht im bett bleiben, stundt auff undt wie ich in freüdt undt leydt allezeit ahn E.L. gedencke, so war auch mein erste gedancken, ahn E.L. zu schreiben; ich weiß aber nicht, was ich E.L. gesagt habe. *12.6.1701(T)*

LUDWIG XIV UND PHILIPP VON ORLÉANS

Man hat nie differentere Brüder gesehen, als Ihr Maj. der König seel. un Mons. seel. waren, haben sich doch sehr lieb gehabt. Der König war groß undt cendré oder lichtbraun, und sahe männlich aus, hatte außerdermaaßen hohe Mienen. Mons. sahe nicht ignoble aus, aber er war sehr klein, hatte pechschwarze Haare, Augenbraunen und Augenlieder, große braune Augen, ein gar lang und zeimlich schmal Gesicht, eine große Nase, einen gar zu kleinen Mund und häßliche Zähne, hatte mehr weibliche als Manns-Manieren an sich, liebte weder Pferde noch Jagen, nichts als Spielen, cercle halten, wohl essen, tanzen und geputzt seyn, mit einem Wort, alles was die Damen lieben. Der König aber liebte die Jagd, die Musik, die Comedien; mein Herr nur die großen Assemblen und Maskeraden; der König liebte Galanterie mit Damen, ich glaube nicht, daß mein Herr in seinem Leben verliebt gewesen. *9.1.1716(W)*

Den König und Mons. seel. sollte man in seinem Leben für keine Brüder gehalten haben. Der König war groß, mein Herr gar klein, er hatte lauter weibliche Inclinationen, liebte das Putzen, hatte Sorge für seinen Teint, liebte alle Weiber-Arbeit undt Ceremonien. Der König war ganz contrair, fragte nicht nach Putzen, liebte die Jagd, das Schiessen, und hatte alle Inclinations von Mannsleuten, sprach gerne vom Krieg. Monsieur hielt sich wohl im Kriege, aber er sprach nicht davon. Monsieur liebte die Damen wie Gespielinnen, mochte immer bei ihnen seyn. Der König sahe die Damen gerne bei nahen, und nicht so in allen Ehren wie Monsieur; hatten sich doch sehr lieb, und waren possierlich bei einander zu sehen; verzirten einander recht artig und mit Verstand, wurden aber nie bös auf einander.

14.7.1719(W)

CLAUDE GUY HALLÉ
1652-1736

Empfang im Spiegelsaal von Versailles am 15.5.1685, (Ausschnitt) Rechts neben dem König Philipp von Orléans
Öl auf Leinwand, o.J.
Schloß Versailles

Nach dem Tod Philipps von Orléans

E.L. wißen nun schon, daß der König sorg vor mir will haben; Monsieur hatt 7 millionen undt eine halbe schulden hinterlaßen; reich werde ich woll nie sein, Gotte gebe nur, daß ich außkommen kan. Der König hatt einem conseillier d'estat nahmens mons. de Pomereu, einem gar ehrlichen mann, befohlen, sich meiner sachen ahnzunehmen undt alles in richtigkeit zu bringen; es gehört aber zeit dazu, aber so viel man jetzt davon urtheilen kan, so wirdt es schlecht herauß kommen, wenn Königs gnade nicht zu hülff kompt. Ich glaube, daß es mir vorteilhafftiger geweßen were, selber gestorben zu sein, alß was mir widerfahren. Monsieur hatt den todt woll gefühlt, zwölf stundt lang hatt man I.L. gar ohnnöthig martirisirt mitt emetique, aderlaßen, schröpffen, gouttes d'Engleterre, eau de Chaffhausen undt hunderley sachen, allerhandt clistiren. Er hatt den verstandt nur ein augenblick vor seinem todt verlohren, kante jederman, könte aber mitt großer mühe reden, denn die unterlefftz war I.L. seelig gantz abgefahlen undt geschwollen. Vorher, ehe I.L. in diß unglücklich accident fiehlen, waren sie frisch gesundt undt lustig, aßen ahn taffel mitt großen apetit, lachten undt schwetzten; drumb, wie er ahnfing zu lallen, meinten die damens ahnfangs, es were vexirerey, war aber leyder nur gar zu großer erst. Wenn man in jener welt wißen könte, was in dießer vorgeht, glaube ich, daß I.L. Monsieur seelig sehr content von mir würden sein, denn in den kisten haben ich alle brieffe, so die buben ihm geschrieben, auffgesucht undt ungeleßen verbrent, damitt es nicht in andere handt kommen mögte. *30.6.1701(T)*

IHRE KINDER

Meine dochter ist nun, gott sey danck, in volkommener gesundheit, aber nicht sehr gewacksen noch fett. Daß wacksen hatt sie nicht mehr von nöhten; sie ist groß genung, einen halben kopff lenger, alß ich undt nicht übel geschaffen, hatt auch, unter unß gesagt, keine boße minen. Mein sohn aber ist klein undt hatt gar keine gutte minen, ob er zwar in seiner taille nicht übel geschaffen ist. *13.5.1696(G)*

Daß meine kinder niemandes alß mich fürchten, ist nur gar zu wahr, denn Monsieur will sich nie die mühe geben, ihnen ein eintzig wort zu sagen; ihre hoffmeister undt hoffmeisterin seint beyde die albersten undt sottesten leütte, so in der welt mögen gefunden werden. Die kinder fehlen gottloch nicht von verstandt undt können nicht laßen, ihre vorgesteldte außzulachen, also muß ich woll ihnen sagen, waß sie thun oder laßen sollen; sie fürchten mich also, allein sie haben mich doch lieb dabey, denn sie seindt raisonabel genung, umb zu sehen, daß was ich ihnen sage vor ihr bestes ist; ich filtze selten, aber wenn es sein muß, geb ich's dicht, das macht desto mehr impression. Wenn sie meinen raht folgen werden, werd ich nichts übles auß ihnen ziehen ohngeacht alle böße exempel, so die arme kinder stehts vor sich sehen. *8.10.1688(T)*

Ihr Sohn

Ich habe meinen sohn klein mein leben keine maulschel geben, ich habe ihn aber so braff mitt der ruhte gestrichen, daß er sichs noch erinert; maulschellen seindt gefahrlich, indem es dem kopff schadtlich sein kan. *15.2.1710(G)*

DIE MUTTER

Waß meinen kleinen rauschenblattenknechtgen ahnbelangt, so hat er den nahmen wol mit der that undt itzt ein greülicher wiltfang, lacht undt will alß von einem ort zum andern getragen sein, wirdt itzt nach ostern erst einen rock griegen, denn man lest die kinder hir im landt schrecklich lang eingewickelt; alßdenn werden wir sehn, ob er baldt wird gehen lernen oder nicht. Er hat noch keinen entzigen zahn.., bitte, schreibt mir doch, wie viel man ihm meledikentsbulver geben könte, wan ihm, da gott vor sein wolle, bey den zehnen das fieber anstieße, ob ein gran zu viel ist? weil er noch kein jahr alt ist. Er ist gottlob sehr lustig, kan aber noch nichts machen, alß ein näßgen, wie der elfte printz zu machen pflegte, wie er in dem alter war. Genung von dißem. Waß den andern springinsfelt ahnbelangt, so jetzt auf halbem weg ist, so macht er mir viel ungemachlichkeit, denn ich bin alle tag nach dem eßen so kranck wie ein hundt, daß ich mich in zwey stunden nicht zu behelfen weiß. *19.3.1674(H)*

Ich habe nur 3 kinder gehabt, aber nie nichts extraordinaris. Mein leben habe ich mich nicht blessirt, habe meine kinder biß zu endt deß 9ten mont getragen, ihm ahnfang braff gekotzt, hernach alle tag ohnmachtig worden worden, doch immer meinen geraden weg fortgangen, habe aber 10 stundt in den großen, unleydtlichen schmertzen gelegen undt so 3 gesundte kinder daher gesetzt, davon mir gott daß erste genohmen. Meins herrn s. dockter, der alte monsieur Esprit, hatt ihn umgebracht, alß wen er ihm eine pistole im kopff geschoßen hette. Daß seindt aber alte geschichten. Liebe Louise, ich ich komme wider auff Ewer schreiben.

25.11.1717(G)

CONSTANTIN
NETSCHER
1668-1723

Die Herzogin von
Orléans
mit ihrem Sohn
Öl auf Leinwand,
o.J.
Museum der
schönen Künste,
Blois

Ich muß gestehen, daß mein Sohn große Qualitäten besitzt; er hat Verstand, weiß viel Sprachen und liest gern, redet wohl, hat wohl studirt, ist gelehrt, verstehet sich auf allerhand Künste, so schwer sie auch seyn mögen. Er ist ein Musikant und componirt nicht übel, er mahlt artig, und weiß alle Chemie auf ein Ende; er weiß alle Historien von der Welt, und begreift leicht die schwersten Künste. Er hat gar ein gute Gedächtniß; er verstehet den Krieg und fürchtet sich für nichts in der Welt; aber sein Fehler ist, daß er gar zu gut ist, und oft Leuten glaubt, so weniger Verstand haben als er, wird also gar oft betragen, denn böse Leute, so seine große Güte kennen, wagen es bei ihm auf Galgen und Rad. Alles was ihm Unglückliches oder übels geschiehet, kömmt von diesem Fehler her. Sein anderer Fehler ist, daß er gegen der Franzosen ordinarie Inclination, ein wenig zu große Schwachheiten für die Weiber hat, und das macht ihm oft Händel im Haus. Ausser diesen zweien Stücken, weiß ich nichts böses von ihm, aber sie ziehen viel böses nach sich. Seine Figur ist weder hübesch noch häßlich. Vor diesem hatte er eine artige Taille, aber nun wird er zu dick für seine Länge, denn er ist klein, aber ob er zwar nicht mehr schön ist, so laufen ihm doch die Weiber aus purer Interesse nach, denn er bezahlt sie wohl. *13.3.1716(W)*

Mein Sohn hat viel vom König David, er hat Herz und Verstand, ist ein Musicant, klein, brav und schläft gern bei allen Weibern. *19.4.1720(W)*

Ich gestehe, daß mein sohn den krieg sehr liebt, undt die, so ihn dort sehen, sagen, daß er sich sehr aplicirt undt sein handtwerck woll lernt, aber mir ist nicht allezeit wohl bey der sach; den in dem handtwerk verliehrt man offt arm undt bein, wo nicht gar daß leben. *17.9.1705(G)*

Ihre Tochter

Ich weiß nicht, wo ma tante von Maubisson auffgefischt hatt, daß mein dochter schön soll sein, denn sie ist gar heßlich von gesicht, aber nicht übel geschaffen, also muß ma tante von Maubisson sie nicht recht ahngesehen haben; verstandt aber fehlt sie nicht undt wenn sie das glück haben könte, E.L. auffzuwarten, würde sie E.L. divertiren, denn das maul ist ihr braff gelöst. Aber meines sohns figure ist beßer anzusehen; er ist waß serieuser alß sein schwestergen, aber all ebenwoll nicht melancholisch noch timide; es ist ein gar gutt kint, docille undt thut alles was man will; mein dochter ist nicht so docille, sonder viel muhtwilliger, schlegt ihrem nahmen Lisselotte nicht übel nach undt woll so eine dolle humel alß ich vor dießem war... *11.6.1686(T)*

...waß mein Tochter ahnbelangt, so gestehe ich, daß ich recht fro bin, daß sie einen rechtmäßigen fürsten bekompt, deßen ahngen wir unß nicht zu schämen haben, undt auch daß sie kein alt jungfergen werden wirdt. Im übrigen aber wirdt es schmahle bißgen geben, denn der freyer mag woll reich in tugenden undt meritten sein, aber nicht in gelt noch meublen; jedoch so sehe ich, daß mein dochter mit dießem heüraht gar woll zufrieden ist, hoffe also, daß sie mit dießem Hertzog nicht unglücklich sein wirdt. *30.1.1698(H)*

Mein dochter verliehrt keine zeit, kinder zu bekommen; es wird nun 8 jahr, daß sie geheüraht ist, undt sie geht mitt dem 8ten kindt schwanger. *9.9.1706(G)*

Ich weiß dißmahl gantz undt gar nichts neües, alß daß meines sohns gemahlin schwanger ist. Adieu! *27.4.1709(G)*

Ich habe dar meinen enckel, 12 pagen undt 6 andere junge edelleütte, die singen, springen, lachen undt machen ein solch geraß, daß man sein eygen wordt nich hört; ich weiß schir nicht, waß ich schreib oder sag, ich bin gewiß, daß man sie eine viertelmeyll wegs hören kan. *9.2.1710(G)*

...Mademoiselle, mein enckel, wirdt erst morgen eine hoheit werden, heütte ist sie noch altesse serenissime; den altesse royalle geht nicht weitter, alß petit fils et petitte fille de France, die überigen seindt nur prince undt princesse du sang, also keine hoheit, sondern nur durchleüchtig. Der duc de Chartre ist mager genung, umb durchleüchtig zu sein. *5.7.1710(G)*

Mein Sohn hat 3 Bastarts, 2 Buben und 1 Mädgen, er hat aber nur einen legitimirt, nemlich den so er von dem adl. Fräulein hat, so mein Hoffräulein gewesen, und das ist der, so man Chévalier d'Orléans heißt; der andere, so nun ein Kerl von 18 Jahren, ist ein Abbé, der ist der Florence ihr Sohn, ein gar schönes Mädgen, so eine Tänzerin in der Oper war, sie ist todt. Das Mädgen so von 14 Jahren ist, ist eine Tochter von der Comediantin der Demares, die Mutter spielt noch täglich.

16.7.1716(W)

HYACINTHE
RIGAUD
1659-1743

Ludwig XIV.
Öl auf Leinwand,
1701
Louvre, Paris

LUDWIG XIV.

Aber es ist gewiß, daß kein Mensch in ganz Frankreich so gute und hohe Mienen gehabt hat, als unser König seel. Er war groß und wohl geschaffen, hatte ein angenehm Gesicht, und gar angenehme Stimme. Gegen die Person von unserem König war ganz und gar nichts zu sagen, noch zu tadeln. *14.4.o.J. (W)*

Ich habe die erste Kammerfrau die Beauvais, die einäugigte Vettel noch gesehen. Sie hat noch einige Jahre gelebt seit ich in Frankreich bin. Sie ist die erste, die den König gelernt hat, wie man bei einer Frau liegen muß, sie wußte die Kunst wohl und hat ein schlecht Leben geführt. *16.9.1718(W)*

Der König seel. war galant, aber auch sehr debauchirt; alles war ihm gut, wenn es nur Weibsleute waren, Bäuerinnen, Gärtnerstöchter, Kammermägde, Damen von Qualität, wenn sie sich nur anstellten, als wenn sie verliebt von ihm wären.
21.4.1719(W)

Der König und Mons. seel. waren von Kindheit auf gewohnt, schmutzige Häuser zu sehen, daß sie meinten es müste so seyn, aber an ihren Personen war sie sehr propre. *7.7.1719(W)*

Man hat dem König seel. und Monsieur nichts gelernt, konnten kaum lesen und schreiben. *24.9.1717(W)*

Der König und seine ganze Race ausser meinen Sohn, hassen das Lesen, das hat ihn ignorant gemacht; er schämte sich darüber. *17.8.1717(W)*

Der konig hir ist in der that christlich, aber in religionssachen unwißendt, hat sein tag deß lebens die bibel nicht geleßen, glaubt alles waß ihm pfaffen undt falsche devotten sagen, also kein wunder, daß es so über zugangen. *7.5.1711(G)*

Der König, Msgr. le Dauphin, Mr. le Duc de Berri und Monsier seel. waren trefliche Esser. Ich habe den König oft essen sehen. Vier Teller voller unterschiedlicher Suppe, einen ganzen Fasanen, ein Feldhuhn, einen großen Teller voll Salat, geschnitten Hammelfleisch in feiner Brühe mit Knoblauch, 2 gute Stück Schinken, ein Teller voll paionne und noch dabei Obst und Confitüren. *26.8.o.J. (W)*

Außer dem Comte de Toulouse sind alle der Montespan Kinder so sie mit dem König gehabt, gezeichnet: der Duc du Main ist lahm; Mde d'Orleans schief, und Mde la Duchesse hinkend. *3.12.1720(W)*

Hätte er das Unglück nicht gehabt, in der zwei boshaftigen Weiber von der Welt Hände zu fallen, als die von der Montespan, und der alten Vettel Maintenon, so noch ärger als die erste war, hätte er für einen der perfectesten Könige von der Welt passieren können; denn was er in seinem Leben übels gethan, kömmt von denen 2 erzbösen Weibern her, und nicht von ihm selber. *14.4.1716(W)*

MADAME DE MAINTENON

Das alte weib macht dem König weiß, daß ihresgleichen nicht ist in gottesforcht undt tugendt, undt das glaubt der gutte König heyllig. Alle tag thut sie mir brusquerien, lest mir ahns Königs taffel die schüßeln, wovon ich eßen will, vor der naß wegnehmen; wenn ich zu ihr gehen, sicht sie mich über eine axel ahn undt sagt mir nichts oder lacht mich auß mitt ihren damen; das bestelt die alte express, hofft, ich würde böß werden undt mich amportiren, damitt man sagen möge, man könne nicht mitt mir leben, undt mich nach Montargis zu schicken. Aber ich merck den possen, lach also nur über alles was sie ahnfangen undt beklag mich nicht, sage kein wordt; aber die warheit zu gekennen, so führ ich ein ellendt leben hir, aber mein parthie ist gefast, ich laß alles gehen wie es geht undt amusire mich so gutt ich kan, dencke: die alte ist nicht unsterblich undt alles endert in der weldt; sie werden mich von hir nicht wegkrigen alß durch den todt. *20.9.1708(T)*

Von Anfang an war das Weib nicht so bös, sie ist immer böser geworden. Für uns wäre es genung gewesen, wenn sie vor 20 Jahren verreckt wäre, aber für des Königs seel. Ehre muüste es vor 33 Jahren geschehen seyn, denn er hat sie, glaube ich, 2 Jahr nach der Königin Tode geheirathet und es ist schon über 35 Jahr, daß die Königin gestorben. *5.5.1719(W)*

…der König ist mehr alß nie von feinem alten schätzgen charmiret, alles gehet durch sie undt alles geht, wie der alten dame taille ist, nehmblich scheff undt überzwerg;.. *23.12.1710(T)*

PIERRE
MIGNARD
1612-1695

Madame de
Maintenon
Öl auf Leinwand,
1694
Schloß Versailles

Ich haben von hertzen lachen müßen, daß E.L. sagen, daß der König von seinem alten schatten nicht seye verhindert worden, von guttem humor zu sein. Freylich ist die influentz von dießem schatten groß, undt weillen der König die sonn zum sinnenbildt hatt, kan man die alte woll eine sonnenfinsternuß heißen, denn sie verdunckelt dieße sonne hir mehr alß' die rechte sonn vergangen jahr geweßen; der flecken von der rechten sonnenfinsternuß vergeht in ein par stunden, dießer flecken aber wirdt wehren so lange die alte leben wirdt. *14.1.1700(T)*

Der teüffel in der hölle ist nicht so böß, wie dießes alte weib, so, wie man sagt, nun über die 84 jahr alt ist. Es were doch zeit bey ihr, frommer zu werden, wen sie nicht gar in die hölle fahren will, welches sie von jugendt auff biß jetzt gar woll verdint hatt. *9.2.1719(G)*

In dießem morgen erfahre ich, daß die alte Maintenon vereckt ist, gestern zwischen 4 undt 5 abendt. Es were ein groß glück geweßen; wen es vor etlich undt 30 jahren geschehen were. *16.4.1719(G)*

Ich habe es im kopf, das was die alte Zott am meisten im Sterben verdrossen, war meinen Sohn und mich, gesund nach sich zu lassen. *4.6.1720(W)*

MARLY

Seyder vergangen Sontag abendts bin ich hir; wurde gleich gar gnädig vom König entpfangen, denn I.M kamen mir entgegen, führten mich hernach spatziren. Seyder ich nicht hir zu Marly geweßen, hatt der König viel schöne neüe sachen hir machen laßen: ein neü mail, so gantz im schatten ist, man könte den hellen mittag dort spiellen ohne die sonne zu fühlen. Wir sahen dortten ein partie spiellen; mein sohn mitt dem printz de Conti undt mons. de Briene gegen mons. le duc de Sully undt mons. de Liancour, mons. le comte undt mons. de Vandosme spielten allein gegen einander. Nach dem mail wieße mir der König ein neü gantz vergült cabinet, in der form wie man den thron vom König de la chine mahlt. Darnach thaten wir den tour vom garten undt stiegen ein klein bergen 'nauff, umb die neüe cascade zu sehen, welche gar schön ist, eine gantz neüe art: sie hatt auch drey reygen, gantz oben ist eine große fontaine, so gar ein grand bouillon d'eau außwirfft (ich habe diß nicht auff teütsch sagen können), hernach sein köpff wie meerwunder, so eine unerhörte menge waßer außspeyen, wovon sich die cascade formirt; in der mitten bey jeder stege ist ein jet d'eau, so nicht hoch ist; auff denen von beyden seytten seindt oben kinder von bronce, so mitt einem meerwunder spillen, das auch waßer außwirfft. In distancen seindt bouillons d'eau, daß es eben scheindt alß wenns natürliche quellen weren, so dort außsprungen undt die cascaden formirten; in der mitten ist lautter gazen; wo man die cascade sicht, da seindt 5 alléen, in jede sicht man große jets d'eau, undt wo keine jets d'eau sein, da seindt antique statuen, recht schön. *28.7.1701(T)*

MARLY

Ich schreibe E.L. hir vor meinen fenster, habe zur außsicht ein schön parterre voller narzißen, tulipanen undt couronne imperiale, das ist umbringt mitt zwey alleen undt ein fer à cheval von weiß, braun undt rotten marber; in der mitten ist eine große steinerne stiege undt auff beyden enden seindt auch stiegen mitt statuen ornirt undt weiß marbre blumenpott. Geraht vor der stiege ist ein berg, wo die cascade herunter felt, so man la riviere heist, welche oben undt unten voller statuen von weißem marbre geziehret, auff den seytten aber seindt nur zwey breitte platte bande von gazon; zwey alleen seindt auff beyden seytten, daß man dort mitt caleschen 'nauff fahren kan. Da sehen E.L., daß ich eine schöne außsicht habe, es gibt mir aber leyder keine artige inspirationen. *24.4.1712(T)*

Ich bin woll E.L. meinung, daß keine schönere musiq sein kan alß die von den nachtigallen; die frösche höre ich auch gar gerne in dießer zeit. Wir seindt hir ahn einem schönen ort; ich glaube nicht, daß ein schönerer garten in der ganzten welt kan gefunden werden, in meinen sinn übertrifft er noch Versaille undt Trianon. Ich spatzire alle abendt 2 gantzer stunden. *16.5.1696(T)*

Daß ist gewiß, daß die gärten hir schön sein, aber es müsten auch gutte leütte drin spatziren, wens lustig sein solte, undt keine, so einem haßen, verachten undt außlachen; daß findt man aber eher hir, alß waß guts, noch freündtschafft.

24.8.1709(G)

JEAN
BAPTISTE
MARTIN
1659-1735

Schloß Marly
Öl auf Leinwand,
1724
Schloß Versailles

ZEITGENOSSEN

Die Königin

Unsere Königin war bluteinfältig, aber die beste und tugendsamste Frau von der Welt, die aber doch Grandeur hatte, und den Hof wohl zu halten wußte. Sie glaubte alles was ihr der König sagte, gutes und böses. Sie hatte häßliche, zerbrochene, schwarze Zähne; fraß oft viel Knoblauch. *10.11.1716(W)*

Sie war froh, wenn der König bei ihr schlief, denn auf gut spanisch haßte sie dieses Handwerk nicht; sie war so lustig wenn es geschehen war, daß man es ihr grade ansahe; hatte auch gerne, daß man sie damit vexirte; lachte, blinzelte und rieb ihre kleinen Händchen zusammen. *24.3.1719(W)*

Zar Peter der Große

Der Czaar soll selber das schiffmachen verstehen undt im grundt in Hollandt gelernt haben; man soll ihn damahls nur meister Pitter geheyßen haben. Dießer meister Pitter kan, wie man alß in der Pfaltz sagt, “waß mehrers alß brodt eßen”. Wenn der Czaar gutt bir will drincken, muß er nicht hieher kommen; die Frantzoßen machen bir undt admirirens, so nicht zu drincken ist; es ist eben alß wenn man ruß in waßer rührt, gantz schlap undt dabey bitter undt schmeckt nach rauch. *25.7.1711(T)*

Marquis D'Effiat

Gestern starb zu Paris ein 80jahriger man; gott wolle ihm vergeben, waß er mir 30 jahr lang, daß ich mitt meinen herrn gelebt, übels gethan hatt! Es ist der marquis Deffiat, so oberstallmeister undt jagermeister bey meinen herrn undt auch bey meinen sohn geweßen. Er hatt meinem sohn ein schön hauß undt gutt von hunderttaußendt francken vermacht; mein sohn hatt es aber nicht ahnnehmen wollen, sondern seinen erben wider geben. Es war ein steinreicher man; man hatt tonnen undt kisten mitt golt in seiner cammer stehen gehabt, daß, wie kürtzlich daß feüer in seiner cammer, haben 6 mäner die kisten nicht rücken können; so schwer wahren sie. Er hatt keine kinder nachgelaßen, lautter lachende erben. *4.6.1719(G)*

Herzog von Zweibrücken

Der itzige hertzog von Zweybrücken ist ein schlechter potentat undt woll der unahngenehmbste mensch in allem, in figur, in humor, in allem, so gott geschaffen hatt. Er bildt sich ein, er gleiche mir wie zwey tropffen waßer. Hübscher alß ich, ist er woll. Ich flattire mich, nicht so gar unahngenehm zu sein undt ein wenig mehr vernunfft zu haben. Seine gemahlin ist nicht recht gescheüt; es seindt zwey heßliche, widerwertige schätzger zusamen. Ich bin fro, daß sie keine kinder haben; es müsten naren werden. Ich habe schon naren genung zu verwanten in dem rheinfeldischen geschlegt. *5.3.1719(G)*

Prinz Eugen von Savoyen

Printz Eugene hette ich woll in dem contrefait nicht gekandt, den wie er hir war, hatte er eine kurtze auffgestutzte naß, undt in dem kupfferstück macht man ihm eine lange spitze naß; er hatte die naß so auffgestutzt, daß er den mundt immer offen hatte, undt die 2 große forderste zähn sahe man gantz bloß. Ich kene ihn gar woll, habe ihn offt geplagt, wie er noch ein kindt; da hatt man gewolt, daß er geistlich werden solte, er war wie ein abbé gekleydt. Ich habe ihn doch allezeit versichert, daß er es nicht bleiben würde, wie auch geschehen. Wie er den geistlichen habit quittirte, hießen ihn die jungen leütte nur madame Simone undt madame Cansiene; den man pretentirte, daß er offt bey den jungen leütten die dame agirte. Da segt Ihr woll, liebe Louise, daß ich den prince Eugene gar woll kene; ich habe seine gantze familie gekandt, herr vatter, fraw mutter, brüder, schwestern, oncle undt tanten, ist mir als gantz undt gar nicht unbekandt, aber eine lange spitze naße kan er ohnmöglich bekomen haben. Madame la duchesse d'Orleans sage, seine zähn wehren ihm vielleicht außgefahlen undt daß diß die stumpffe naß herundergezogen hette; ich weiß nicht, ob daß sein kan. *30.10.1720(G)*

Kardinal von Bouillon

A propo von dießer kranckheit, der cardinal von Bouillon ist vergangene woche zu Rom dran gestorben; ist woll gar kein schadt; den er war falsch, wie der teüffel, undt recht boßhafft, auch abscheülich desbeauchirt mitt buben, war hoffartig, mitt Einem wordt, nichts nutz, daß ist die beste leichtpredig, so er wehrt ist.

12.3.1715(G)

ANTOINE DIEU
um 1662-1727

Geburt von Ludwig von Frankreich,
Herzog von Bourgogne, 6.8.1682
Vierte von rechts (Hintergrund)
die Herzogin von Orléans (Liselotte)
Öl auf Leinwand, o.J.
Schloß Versailles

Prinzessin Elisabeth,
Äbtissin von Herford

Meine Tante, die Prinzes Elisabeth Aebtissin von Hervord, hat einmal eine Maske anthun wollen, anstatt ihrer Maske fordert sie einen Kammertopf, wie sie denn allezeit sehr distrait war. Man bracht ihr den kammertopf, sie meinte es wäre die Maske, sucht den Band um es anzustecken, nahm die Handhebe, zog daran, sagte aber ganz erstlich: mein Gott, wie stinkt die Maske! wie sie es besahe, war es der silberne kammertopf. Ein andermal wollte sie sich auf dem nachtstuhl sezzen, sie sezte sich ins Kamin, und verbrannte sich den Hintern brav. *27.2.1716(W)*

Franz Ludwig, Prinz von Conti

Der letztverstorbene Prinz de Conti hatte Verstand, Courage, war ahngenehm in allen seinen Manieren, macht sich beliebt; aber seine bösen Qualitäten, so er hatte, waren, daß er falsch war, nichts liebte als sich selber, und gar zu sehr debauchirte mit Mannsleuten, so ihm endlich auch das Leben gekostet; denn wie er schwach von Natur war, so soll er in Fontainebleau spanische Mücken genommen haben, das hat ihm den Garaus gemacht. Er hat freilich König in Pohlen werden sollen.

10.8.1717(W)

König Philipp von Spanien

Ist gar bucklicht, und nicht wohl geschaffen, doch größer als seine Hrn. Brüder. Er hat die besten Mienen unter ihnen, hat ein hübsch Gesicht und schöne Haare, und was absonderlich, seine Harre waren schön blond, und die Augen ganz schwarz; hat schöne Farbe weiß und roth, ein wenig einen österreichischen Mund, spricht unerhört langsam, und hat eine grobe Stimme. Ein gar guter Herr, doch ein wenig opiniatre, wenn er was im Kopfe hat. Er ist gar gottesfürchtig, drum liebt er seine Gemahlinnen so sehr; er sollte vermeinen verdammt zu werden, wenn er bei einer andern läge; er läßt sich leicht führen, drum will ihn seine Köningin nicht aus dem Augen lassen. *24.6.1720(W)*

König Friedrich IV von Dänemark

Der König in Dännemark Fridericus IV kömmt mir ein wenig einfältig vor; er wollte hier verliebt von meiner Tochter seyn; im Tanz drückte er ihr die Hand, sahe gen Himmel; fing den Menuet am einen Ende des Saals an, und endete ihn am andern Ende. Blieb hernach in der Mitte von Saal stehen, ohne zu wissen was er thun sollte. Er jammerte mich; ich stund auf, nahm ihn bei der Hand und führte ihn weg, sonst glaube ich, stünde er noch da. Der gute Herr weiß nicht was schön oder häßlich ist. *3.1.1716(W)*

FONTAINEBLEAU

…sehe gar gern, daß unßere brieffe nun so richtig gehen. von Fontainebleau will ich nichts mehr sagen, daß ist nun vorbey; allein es ist gewiß, daß ich es vor den ahngenehmbsten ort von gantz Franckreich halte, undt waß mir noch dran gefelt, ist, daß es gantz teütsch außsicht. Ich bin auch gar woll logirt, habe eine raisonable salle des gardes, eine antichambre, so groß genung ist, umb drinen zu eßen, eine große schlaffkammer, auch eine kleine mitt einem alcove, wo ich vor dießem in schlieff, wie Monsieur s. noch lebte, ein groß undt schön cabinet, wo es im heisten sommer nie heiß ist (den die sonne ist nur da, wen sie auffstehet), eine kleine garderobe, wo mein, met verlöff, kackstuhl ist, daß hatt ein degagement auff den balcon undt graben. Darnach habe ich noch bey meiner cammer 2 andere cabineten, die lehne ich meiner dame d'atour, madame de Chasteautier; den sie ist so abscheülich hoch logirt, daß es gar zu ungemachlich vor sie were, so offt deß tags auff- undt abzusteigen. Durch die fenster in meiner cammer kan ich alles sehen, waß in dem hoff, so man la cour de l'oval heist, passirt, undt im cabinet sehe ich alles, waß im vorhoff, so man la cour des cuissines heist, vorgeht undt auch im hoff de la consiergerie, wo gar viel leütte logiren. Also kan einem dort die zeit kein augenblick lang fallen. *11.11.1714(G)*

Morgen über 8 tag werden wir nach Fontainebleau reisen, alwo ich viel jagen werden undt will ich versuchen, ob ich dadurch das greüliche fett ein wenig werde schmeltzen können; ich fürchte aber, daß, weilen ich ordinari, wenn ich jag, beßer eße undt schlafe, so wirdt es noch ärger werden… *8.9.1694(H)*

PIERRE DENIS MARTIN
um 1663-1742

Ludwig XIV. auf der Jagd vor Schloß
Fontainebleau
Öl auf Leinwand, o.J.
Schloßmuseum, Fontainebleau

Herzogin von Berry

Unßere duchesse de Berry, so ich gestern besucht, ist beßer, gott lob, kan aber doch noch auff keinen fuß tretten. Es seindt ihr ahn den fußsollen undt zähen ahn den füßen blasen auffgeloffen voller waßer; die thun ihr so wehe, brene, alß wens lautter geschwer wehren. Ist woll eine wunderliche kranckheit; den sonsten befindt sie sich woll, sicht auch gar nicht übel auß. Waß macht, daß sie beßer ist, ist, daß man ihr 2 mahl die woch medecinen gibt undt umb den andern tag ein clistir. Hirauß scheindt woll, daß ihre kranckheit von dem abscheülichen freßen kompt, so sie vergangen jahr gethan. Sie kam her, setzte sich in die Seine, blieb 3-4 stundt im waßer, fraß patettetten, kuchen, salat, schincken, würscht, allerhandt so zeüch, fuhr wider a la Meutte, spatzirte biß gegen mitternacht; den setzten sie sich wider ahn taffel undt fraßen auffs neü biß umb 3 uhr morgendts undt drauff gleich zu bette. wurde auch so fett wie eine gemäste ganß. Daß kan ja ohnmöglich auff die lange gutt thun; ich habe I.L. manchmahl gewahrnt, sie hatt mir aber nicht glauben wollen. Nun sagt sie, daß es ihr gereüet, mit nicht geglaubt zu haben; aber nun ist es zu spät; mitt schaden wirdt man weiß. Es ist kein aparentz, daß eine waßersucht drauß werden wirdt, aber viel eher ein potegram oder sunst gliedersucht.

18.6.1719(G)

Prinzen von Gotha

Die printzen von Gotha haben mich recht gejammert; den es seindt gutte kinder, voller gutte intention, aber bludts-langweillig. Es ist nicht ihre schuldt, daß sie stincken; es kompt auß dem magen; ihre ganzte conformation ist bitter ellendt.

4.1.1721(G)

Fürsten von Nassau

Undter unß gerett, die beyde fürsten von Nassau sein nicht gescheydt, haben schüß, haben dolle einfall. Der jüngste hatt seine gemahlin einmahl in die Bastille gesetzt; wie er sie wider herauß undt zu sich nehmen wolte, sagte sie, sie wolte lieber all ihr leben gefangen bleiben, alß mitt ihm zu leben. Sie ist ein Mally von geschlegt, deß marquis de Nesle schwester, eine dolle humel. *24.4.1718(G)*

Von den 2 brüdern fürsten von Nassau habe ich in ewiger zeit nichts gehört, gott lob! Der jüngste stinckt, daß es abscheülich ist, auß dem maul. Er fragte mich, ob ich nicht wißen konte oder errahten könte, warumb seine gemahlin ihn nie küßen wolte. Ich dacht in meinem sin: "Daß ist leicht zu rahten." Ich sagte: "Es muß ihr etwaß ahn Sie eckellen." Hette er mich weiter pressirt, hette ich ihm gesagt, er solte die zahn sauberer halten. *22.2.1720(G)*

Kardinal Schönborn

Ich kene 3 Schönborn; es mag woll einer von den 3en, so jetzt cardinal undt bischoff zu Speyer ist. sie wahren alle 3 brüder, gar feine leütte; aber einer gefiehl mir woll, war recht lustig undt hatte mühe, geistlich zu werden; es war ein hübscher herr von gesicht, aber ein wenig zu dick von taille. *16.3.1720(G)*

GALANTES

Die printzes von Schweden hatt ahn ihren gemahl einen brieff geschrieben, so met verlöff met verlöff so ahnfangen soll:" Mein engel, kompt doch baldt wider, denn meine kleine verlangt zu sehr nach ihrem cameraden, ewern großen, undt kan nicht mehr ohne ihn leben". Darauff soll der printz geantwortet haben:"Mein großer verachtet alles außer ewer kleine undt verlanget nichts mehrers alß wider so gutt warm in ewer kleine, mein engel, zu haben". Das seindt fürstliche discoursen, glaube nicht, daß Hertzog Anthon Ulrich sie in seine romans setzt. *5.10.1707(T)*

Man hat großen Argwohn, daß ein italiänischer Doctor Simoni genannt, alle die Bayerschen Kinder, nemlich den Churfürsten und seine Geschwister gemacht hat; aber am Hofe sagt man nur, daß er den Churfürsten und seiner Gemahlin so stärkende Sachen eingegeben, daß die Kinder davon kommen seyn; nach der Physionomie sind die Kinder vom Doctor. *28.10.1718(W)*

Es ist schon lang, daß die impertinnente Langallerie in ungnaden bey meinem vettern, dem landtgraffen, ist. Dieße zeittung hatt mich von hertzen erfrewet, den ich kan sie gar nicht leyden. Die er in geheim geheüraht, ist eine teütsche dame, solle gar schön sein, eine Bernholtin von geschlegt. Ich glaub, daß es in dem alter, wo der landtgraff nun ist, eine sach ohne scandal ist undt daß er dieße fraw nur genohmen, umb sich nachts im bett warm zu halten, wie der könig Davit; den im 66 jahr ist man nicht gar erhitzt, glaub ich. *27.11.1721(G)*

ANTOINE DIEU
um 1662-1727

Hochzeit des Herzogs von Bourgogne am 7.12.1697
(Ausschnitt)
Fünfte von rechts die Herzogin von Orléans (Liselotte),
rechts und links von ihr die Kinder, schräg davor ihr Mann
Öl auf Leinwand, o.J.
Schloß Versailles

Wo seydt Ihr undt Louisse den gestocken, daß Ihr die weldt so wenig kendt? Mich deücht, man bedarff eben nicht lang ahn hoff sein, ohne sie baldt zu kenen; aber wer alle die haßen woldt, so die junge kerls lieben, würde hir kein 6 menschen lieben können oder auffs wenigst nicht haßen. Es seindt deren allerhandt gattungen; es seindt, die die weiber wie den todt haßen undt nichts alß mansleütte lieben können; andere lieben mäner undt weiber, von denen ist mylord Raby; andere lieben nur kinder von 10, 11 jahren, andere junge kerls von 17 biß 25 jahren undt deren seindt ahm meisten; andere desbauchirten sein, so weder mäner noch weiber lieben undt sich allein divertiren, deren ist die menge nicht so groß, alß der andern.

3.12.1705(G)

Solte einsmahl dem abbé d'Entragues ahnkommen, nach Franckfort zu gehen, so sagt ihm doch, daß ich Eüch guts von ihm geschriben! Ihr kont mitt ihm umbgehen ohne scandal; den wie er ein klein kindt war, haben ihm die hüner in einem hoff, wo er kacken gangen war, alle seine sieben sachen abgefreßen. Daß hatt ihm einen solchen abscheü vor hüner geben, daß, wen er ein hun fligen sicht, wirdt er übel.

4.1.1720(G)

Vor zwey tagen verzehlte man mir, daß eine fraw von qualitet vor kurtzer zeit sich mitt dem duc de Richelieu in sein hauß gantz allein von weibsleütten sich splindernackendt außgezogen undt so mitt 6 junge leütte von qualitet geßen. Das ist doch abscheülich; man kan dencken, waß nach dem eßen vorgangen; ist leicht zu rahten.

9.7.1722(G)

Ich kann nicht begreifen, wie man den buben lieb haben kann, er hat weder Gesicht noch Taille, ist wie ein Wassergespenst, denn er siehet grün und gelb vom Gesicht, hat Mund, Nase und Augen wie die Chineser, man sollte ihn eher für einem Pagoden halten, als für einem Gaskonier wie er ist; ist läppisch, und hat gar keinen Verstand, einen dicken Kopf, so in breiten Schultern steckt, wie ein Wechselbalg; man sieht ihn an den augen an, daß er nicht wohl siehet; Summa er ist ein häßlich Pürschgen, soll aber wie ein Esel geschaffen seyn, das charmirt alle debauchirte Weiber; darum hat ihn die Polignac einmal 2 Tage bei sich eingesperret.

22.8.1719(W)

DERBES

Der König ist allezeit gar scrupulos geweßen, winde gehen zu laßen, aber mons. le dauphin undt ich haben offt in die wette geschoßen, wer ahm meisten winde laßen könte, undt unß gar woll darbey gefunden. Bey dießen sachen ist es nur, wie man es macht, undt ich finde es sehr überzwerg, daß man zum nießen "Gott segne" sagt undt große reverentzen macht undt die unterwinde muß man verhalten, so zehnmal mehr schaden undt große coliken geben können. *6.7.1710(T)*

Waß das pfurtzen ahnbelangt, so können E.L. nur kecklich Dero winde streichen laßen, denn ich habe all lengst hir gehört, daß es ein zeichen ist, daß man von maison Royale, auch weiß ich jemandes, so hir waß zu befehlen hatt, welchen ich aber nicht nennen darf, welcher mir versichert, daß er auß der ursachen undt auch wegen der gesundheit keinen eintzigen windt mehr auffhelt, sondern sie alß streichen leßt, welches mann offt ehr durch den geruch, alß das gehör gewar wirdt.

21.8.1678(T)

Solten sie aber recht bös über mich werden, muß ich doch noch sagen, daß, wan ich versichert were, daß meine schmutzige dämpfe undt schleicher met verlöff met verlöff so großen verstandt könten geben, wie ich sehe, daß nun der printz von Oranien hatt, würde ich meinem herren undt meinen kindern immer met verlöff in die naßen scheißen, in hoffnung, daß sie dießes mit der zeit zu Königen machen könte. *5.6.1689(T)*

Ahn eine schmutzige sach kan ich mich hir ahn hoff nicht gewehnen, nehmblich daß alle leütte in den gallerien vor unßeren cammern in alle winckel p… undt daß man nicht auß seinem apartement gehen kan ohne jemandes p… sehen. Das solte man eher abschaffen, alß die commedien undt operaen. *23.7.1702(T)*

Mein sohn ist incapable, mehr, alß zwey oder 3 tag, diet zu halten. viel zu drincken, ist freylich schlim vor die augen, undt zu allem ungluk sauffen die damen hir mehr, alß die mansleütte, undt mein sohn (unter unß gerett) hatt eine verfluchte maitres, die seüfft wie ein bürstenbinder, ist ihm auch gar nicht treü. *23.12.1717(G)*

Sauffen wirdt hir im landt erschreckling gemein unter die weiber von qualitet; alle tag hört man schir von einer, so im vollsein waß begegnet ist. Kürtzlich hatten sich 5 voll undt doll mitt einander gesoffen undt wie sie nicht mehr gewußt, was sie thun wolten, haben sie eine, so am vollsten war, genohmen, sie auff den boden gelegt undt mitt ihren füßen, so sie in die höhe gehoben, auff undt zu geschlagen, haben sie einen blaßbalgk von ihr gemacht. Ich glaub aber, daß der windt von dießem blaßbalgk nicht woll roche. *14.2.1704(T)*

JEAN BAPTISTE MARTIN
1659-1735

Schloß Versailles und die
Orangerie zur Zeit Ludwig XIV.
Öl auf Leinwand, o.J.
Schloß Versailles

Was meins Sohns gemahlin unahngenehm macht, seindt ihre hängende backen, welche das mündtgen met verlöff met verlöff wie ein arschlöchlichen macht außsehen, darnach auch ihr zitternder kopff undt gar unahngenehme außsprach, denn sie zicht die wörter ein ellen lang undt girt darbey; mein sohn sagt, daß das unter geschir all woll geschaffen soll sein; sie solle viel verstandt haben, allein sie will nie vor mir reden undt ist gar mißtrawisch. *24.4.1697(T)*

Habe doch lachen müßen, daß Ihr sagt, liebe Louise, daß landtgraff Max von Heßen seine gemahlin schönne haar auff dem kopff hatt; wehren sie nicht auff dem kopff, würdet Ihr sie gewiß nicht zu sehen bekommen haben. *14.6.1721(G)*

In dem contrefait vom Czaar, so E.L. mir die gnade gethan zu schicken, hatt er eine polinische mütze. Es ist eine wunderliche manier, audientz im nachtsrock zu geben, insonderheit weillen der Czaar nach seiner mode so gar kurtze hembder tregt, kan also nur die cron auffsetzen, denn, wenn der nachtsrock auff, wirdt man schon den zepter sehen. *14.1.1712(T)*

Das contrefait, so der hertzog Anthon Ulrich mir vom Czaar schickt, scheindt viel alter, alß seine jahr es mitt sich bringen solten; in dem kupffer wie auch in dem ovalen contrefait ist er viel schönner. Er tregt auch nun seinen bart viel heßlicher, alß damahlen; er tregt ihn in dießer miniatur wie eine bradtwurst vor das maul; das stehet sehr übel. *5.12.1711(T)*

HISTÖRCHEN

Zu endt dießes brieffs muß ich E.L. ein historgen verzehlen, so man mir vor zwey tagen verzehlt. Ein mönch in Spanien, so vor einen heylligen passirte, wurdt von viellen ersucht, vor sie zu betten. Es kam aber einsmahl eine junge fraw zu ihm undt batt ihn sehr inständig, er mögte doch vor sie betten, daß sie ein kindt bekommen mögte. Er sagte trucken herauß, er wolte es nicht thun. Sie fragte, warumb nicht? Er andtwortte:"Ich bette nur vor waß ich nicht selber thun kan; waß ich aber selber thun kan, da bett ich nicht vor". *6.2.1710(T)*

Madame de Gordon

Des Lord Hondley seine Großtante Mad. de Gordon ist lange Jahre meine Dame d'autour gewesen; Sie war gar ein wunderlich Mensch, hat allezeit revirt; sie hat einmal ihren eigenen Schenkel im Sommer anstatt eines Briefes im Bette versiegelt, und pitschirte sich ihren eigenen Schenkel und brennte sich jämmerlich. Wenn sie im Bette spielte, warf sie die Würfel auf die Erde, und spie ins Bett. Sie spie einmal der ersten Kammerfrau, so eben jähnte, in den Mund; ich glaube, wenn ich nicht gewehrt hätte, meine erste Kammerfrau hätte sie geschlagen, so bös war sie. Wenn sie mir abends die Kappe aufsezzen sollte, um nach Hof zu gehen, so nahm sie ihre Handschue, schlenkerte sie mir ins Gesicht, und sezte sich meine Kappe selber auf. Einsmals hatte sie mit einem Capitain des Gardes von Monsieur seeligen zu reden, so ein grosser Mensch war, und le Chevalier de Beuvron hieß; sie hatte die Gewohnheit wenn sie mit einem Mann sprach, so spielte sie allezeit mit den Knöpfen der Weste, dieser aber war so lang, daß sie nur an seine Hose gelangen konnte, und knöpfte ihm also die Hose auf. Er erschrack, sprang zurück und sagte: was wollen sie von mir? Dieses gab ein großes Gelächter im Saal zu St. Cloud. *18.2.1716(W)*

Vergangen freytag ist mir eine possirliche avanture begegnet, so ich Eüch doch verzehlen muß. Wie wir au rendevous kammen, wurde mir abscheülich noht, zu pißen; ich ließ mich gantz anß ander eck vom walt führen undt stiege hinter einer dicken hecken ab. Aber secht, wie der teüffel sein spiel hatt! Ich hatte nicht so baldt ahngefangen, zu pißen, so schickt er den hirsch geradt, wo ich war. Da wurde mir so bang, daß die ganzte jagt folgen würde, daß ich geschwindt wider zu der calesch eyllen wolte; allein eine brombeerstrauch wickelt sich umb mein fuß undt ich platsch nauß wie eine crotte, that mir aber keine wehe, den es seindt so viel blätter im holtz, daß man drein wie in einem federbett felt. Ich muste aber umb hülff ruffen, den ich war so eingewickelt, daß ich nicht allein auffstehn kont; bliebe bey der jagt, so zwey stundt just dawerte undt gar schön war. Ich fühlte keinen großen schmertz, aber wie ich wider her in meine cammer kam, thate mir der verstaugte fuß gar wehe, undt gestern konte ich kaum drauff tretten, muste nur in kärchel spatziren, könt nicht gehen, ohne sehr zu hinken. Heütte ist es schon wider beßer, hoffe, daß es nicht dawern wirdt; sonsten bin ich, gott sey danck, frisch undt gesundt *11.11.1714(G)*

Ich muß E.L. doch einen poßirlichen todt verzehlen von einer frawen, so vorgestern gestorben ist. Sie war ins kintbett undt entretenirte ihre wartterin; sie verzehlte, wie sie etwaß wolfeils gekaufft hette, so die ander gern gehabt hette, dieße antwort drauff: "*Der Teufel soll sie holen*" undt geht drauff auß der kammer undt lest ungefehr die thur offen. In demselben hauß logirte ein jung mensch, so die cur von geißenmilch brauchte; die geiß kompt loß undt leüfft in der frawen

JEAN BAPTISTE MARTIN
1659-1735

Schloß Versailles
mit Neptun- und
Drachenbrunnen,
Trois Fontaines und
Triumphbogen
Öl auf Leinwand,
1696
Schloß Versailles

kammer; zu den füßen war der furhang vom bett nicht zu; die geiß mitt ihren hornern macht ihn weitter auff undt kuckt ins bett. Die kintbetterin bildt sich ein, es seye der teüffel, den die wartterin beschworen hatt, erschrickt drüber so erschrecklich, daß sie in 3 Stunden drüber gestorben ist. Diß ist eine schöne histori vor die curiossen, so unßere brieffe auffmachen; da werden sie aber gelehrt von werden. *18.9.1692(T)*

Es felt mir eine historie ein apropo von reliquien, das muß ich E.L. noch verzehlen, ehe ich schließe. Der duc de Crequi hatt einen gantzen heyligen von Rom kommen laßen undt ahn ein closter (ich weiß nicht mehr welches) verehrt nach seiner ambassade. Wie die kutsche mitt dem heyligen ahnkame, entpfing man es mitt großen cremonien, undt wie man die kutsche auffpagte, saß jedermann gar devot auf die knie, die reliquien zu füßen. Der priester zog etwaß lang eingepacktes herauß, meinte, es were ein arm oder bein vom heyligen, ließ es gar devot küßen. Wie man aber weiter auffpackte, fandt es sich, daß man eine Kutsche vor die andere genohmen hatte undt die, so devot war entpfangen worden, waren lautter würste de Boulogne undt käß, undt waß man vor ein arm oder bein geküßt, war eine lange wurst; den heyligen aber hette man schir auff die taffel gebracht vor eine wurst. Diß ist eine gar warhaffte historie. *1.3.1696(T)*

Ich habe gar nichts neües erfahren, doch eine schöne historie hatt mein sohn verzehlt, so er vom marechal de Catinat gehört hatt. Ein closter war im werenden krieg geblündert worden; der marechal de Catinat ging selber hin, das unheil zu steweren. Er sahe auff einmahl den pfaffen vom closter daher reitten mitt einem großen mantel, der hatte eine gantz nackende none vor sich zu pferdt. Wie er den marschalck sahe, wolte er seinen mantel zurückwerffen, umb den hut abziehen zu können; wie er den mantel auffschlug, sahe man ihn gantz nackendt zu pferdt sitzen, undt hilt die non vor sich; hinter ihnen her kam die abtißin; der marechal fragte sie, ob sie were vergewaltigt worden? Da machte sie eine schöne reverent undt sagte: *"ja, mein herr, 30 mal"*. Hinter der kam eine hinckende none, die rieff im hincken, ohne daß man sie fragte: *"und ich 3, mein Herr, ich 3, ich 3"*...

28.5.1698(T)

Ein mönch zu Paris, so vor dießem ein balbirer geweßen war, hatte ein pulver gefunden, welches die feigwartzen undt fistlen courirt, ohne daß man drin schneyden dörffte; hatte viel leütten geholffen. Eine dame, so auch mitt dergleichen behafft war, bat den mönchen, ihr von dem pulver zu geben. Man weiß nicht, ob der münch curieus war, der damen hintertheil zu sehen, oder ob er in der that fürchtte, man mögte von seinem pulver ahn die balbirer gehen, die seine kunst rahten mögten; allein er andtwortete, er könte sein pulver niemandts vertrawen, müste es selber aufflegen. Nach langem disputtiren ergab sich die dame, gab dem münchen eine stundt, worinen er kommen solte, das pulver auffzulegen. Wie er aber eben das pulver in den hintern that, kam ein indiscretter windt, man weiß nicht, ob ihn die dame expresse gelaßen, den patter zu regaliren, oder obs ungefehr geschehen. Dem seye, wie ihm wolle, so ließ die dame einen abscheülichen furtz, der flog mitt dem pulver dem armen charitablen münchen in die augen; daß er gleich stockblindt davon geworden ist... *8.10.1704(T)*

DIE TANTE
KURFÜRSTIN SOPHIE VON HANNOVER

E.L. seindt mir gar zu gnädig, im wacker werden ahn mir zu gedencken, aber ich kan das mitt warheit sagen, daß keine stundt im tage, da ich nicht ahn E.L. gedencke. Abendts dencke ich: nun spatziren E.L. zu Hernhaussen in Dero schönnen gartten undt spiellen à la poule, undt alle augenblick wünsche ich E.L. zu sehen undt auffzuwarten undt vor alle gnaden zu dancken, so ich all mein leben ja 60 jahr lang genoßen ohne auffhören. Wenn unßer Herrgott gebette erhören wolte, würden E.L. nicht allein über hundert jahr bleiben, wie sie nun sein, sondern sie würden gar unsterblich werden, denn niemandts ist es mehr wehrt, alß E.L. Ahn meinem leben mag mir vielleicht mein knie- undt lendenwehe nicht schaden, aber zurecht werde ich woll mein leben nicht mehr kommen. *19.6.1712(T)*

Unser Verlust ist unendtlich, mein weinen kan auffhören, aber nie meine trawerigkeit nicht. Dieße liebe churfürstin s. war all mein trost in allen widerwertigkeitten, so mir hir so heüfftig zugestoßen sein; wen ich es I.L.s. geklagt undt schreiben wider von sie entpfangen, war ich wider gantz getröst. Nun bin ich, alß wen ich gantz allein auff der weldt were. Ich glaube, daß mir unßer herr-gott diß unglück zugeschickt, umb mir die angst deß sterben zu benehmen; den es woll gewiß ist, daß ich nun ohne leydt mein leben enden werde undt ohne nichts in dießer welt zu regrettiren. Meine kinder seindt versorgt, haben auch trost genung in dießer weldt, umb mich baldt zu vergeßen können; also helt mich nichts mehr auff, wen es gottes will wirdt sein, mich abzufordern. *24.6.1714(G)*

ADRIAN
HANNEMAN
um 1601-1671

Kurfürstin Sophie
von Hannover
Öl auf Leinwand,
1660
SKH Prinz von Hannover, Herzog zu Braunschweig und Lüneburg

JAGD

Wir haben 4 stundt den hirsch gejagt undt nichts gefangen, aber ich frag kein haar darnach, der hirsch war mein feindt nicht; ich habe mich im schonnen waldt divertirt, daß wetter war schön, der waldt auch. *9.6.1712(G)*

Ich habe gewiß mehr alß taußendt hirsch fangen sehen, habe auch manchen braffen fall im jagen gethan. In 26 mahl, daß ich gefallen bin, habe ich mich nur ein eintzig mahl wehe gethan, undt dazu rente ich damahl nicht, ich fundt aber einen stein unter den ellenbogen, der mir den arm verrenckte. Bey allen andern fällen ist mir nicht der geringste schaden widerfahren; daß hatt mich so gehertzt renen machen. *9.11.1709(G)*

…kame ich eben von der jagt mitt I.M. dem könig. Die jacht war perfect schön. Der könig hatt kleine calesche undt kleine pferdtger; die renen aber so starck, daß man allezeit bey den hunden ist undt die jagt schir nie verliehrt, eben alß wen man zu pferdt were. Die jagt wehrte nur anderthalb stundte undt die hunde ersoffen den hirsch allernegst hirbey einem weyer. Es war recht schön, alle die hunde mitt dem hirsch ins waßer zu sehen, alle die leütte, magnifiek gekleydt, so drumb herumb wahren, undt alle jager, so auff den jagtshörner sehr woll blaßen. Es war ein recht specktackel, aber genung hirvon! *6.5.1702(G)*

ESSEN UND TRINKEN

Man macht so viel gegraß von den frantzöschen köchen undt zurichten, daß ist aber gar nicht nach meinem schmack undt in 50 jahren, daß ich in Franckreich bin, habe ich mich ahn keinen eintzigen ragoust gewohnen konnen, finde alle daß frantzösche gefräß unleydtlich undt eckelhafft, eße nichts, alß hamelfleisch, kalb-fleisch undt schlegt speyßen, so keine ragoust sein, gebrattens undt dergleichen. *6.9.1721(G)*

Ich bilde mir ein, daß bey deß abt von Lockums festin gutt sawerkraut undt braunen köhl geweßen; daß macht mir das maul wäßern, wen ich nur dran gedencke.

2.9.1713(G)

Die schüßel, so die fürstin gekocht, war es kein recht sawerkraut? Weißen kohl kene ich nicht, aber wie Ihr es beschreibt, konte es nicht schlim sein; ich hette woll gern davon. Es ist mir leydt, daß Ihr mir die andern schüßeln nicht auch genent habt; den daß macht einem apetit. Vom confect da halte ich nicht viel von, schocolatte undt cittronenbrey wer mein sach nicht; ich eße keine confitturen mein leben, alß fleur d'orange en compotte, sonst nichts. Wen man so einen gutten magen hatt wie ma tante, hatt man sich deß eßen nicht zu schonnen; feygen seindt aber ein wenig kalt im magen. Ich meinte, ma tante drüncke alß bier undt kein gesotten waßer. Monsieur Fagon, des königs docktor, findt, daß waßer mitt dem obst gesunder ist, alß wein; den es macht daß obst nicht gehren im magen.

24.7.1707(G)

ST. GERMAIN

Wie das erste mal zu St. Germain am Hof kommen, kam unser König seel. gleich zu mir, au chateu neuf, wo Mons. seel. und ich logirten, und führten Mons. le Dauphin zu mir, so damals ein Kind von 10 Jahren war. Sobald man mich angezogen hatte, fuhr der König wieder ins alte Schloß, empfieng mich das la Sale des Gardes, und führte mich zur Königin, sagte mir ins Ohr: *"habt keine Angst, Madame, sie hat mehr Angst vor Euch, als ihr vor ihr."* Der König war so barmherzig, wollte mich nicht quittiren. Er setzte sich zu mir, und allemal wenn ich auffstehn muste, nemlich wenn ein duc oder Prince in die Kammer kam, stieß er mir unvermerkt in die Seite. *1.12.1719(W)*

In St. Germain ist mir neülich ein unglück begegnet, denn ich hette mir schir met verlöff met verlöff den gantzen hinderbacken auffgeschnitten: es kame mir eine gar groß noht ahn, wie ich von St. Germain weg wolt, ging zum garçon du chasteau, meinte eine chaisse dort zu finden, es war aber keine dar, so sauber; man brachte mir einen irdenen cammerpot, den setzte ich auff einen strohstuhl. Wie ich in der besten arbeitt war, brach der cammerpott; zu allem glück erhilt ich mich ahn einer taffel, were sonst woll weich, aber schmutzig gefahlen undt man hette mitt warheit sagen können, daß meine reiß mitt einem dreck were besigelt worden. Were ich auch nicht geschwindt auffgesprungen, hetten mich die scherffen greülich zerschnitten. Diß ist eine schöne historie undt würdig, von einem minister d'estat geleßen zu werden; ich mögte wißen, ob er dießes dem König auch raportiren wirdt, denn die staadtssachen werden übel gehen, wenn der König dießes nicht erfährt.. *8.4.1704(T)*

JEAN BAPTISTE MARTIN
1659-1735

Jagdszene vor Schloß Saint-Germain en Laye
Öl auf Leinwand, um 1723
Schloß Versailles

Ich kan eben so wenig salat eßen, alß waß andert; wen ich ein viertel von einem kopffsalat geßen, damitt ist es gehtan. Die rettig deügen hir nichts, man kan ohnmöglich salat davon machen, sie seindt waßerig undt haben keinen rechten rettig-geschmack. Aber da kommen viel leütte herein, ich muß wider willen eine pausse machen. *25.6.1722(G)*

Zuerst muß ich noch vor die metwürst dancken, so ich noch nicht versucht, habe sie in die lufft hencken laßen, weilen ein wenig feuchtigkeit drin geschlagen war, werde sie heütte versuchen; sie riechen gutt; das hilft mir eher wider zum apetit, alß alle ragouts von gantz Franckreich, die habe ich nicht eßen lernen können, finde es verschmirt undt in meinem sinn eckelhaft... Ich eße gern ein gutt stück rindfleisch mit mustert, einen gutten hammelschlägel mit salat, gebrattene haaßen, aber keine caningen kan ich eßen, wie man es auch zurichten mag; ich kan auch keine von den gemästen hühner eßen, sonder nur junge hüner, suma lautter gutte undt gesundte speyßen. Ich laße mir oft auch teutsche eßen geben, einen haaßen oder gantzenpfeffer, lungen, mußkraudt mit hammelfleisch, kalbfleisch mit mageran. Aber hirmit genung von küchenzeüg gesprochen… *9.6.1720(H)*

Unßer großhertzogin habe ich auch eine Martins-gans eßen machen mitt castanien undt große rossinen gefühlt; aber, die wahrheit zu sagen, so ist daß nicht, waß ich ahm liebsten eße, eße braünen köhl undt sawer kraudt viel lieber. *26.11.1719(G)*

Ich bitte Eüch, last Eüch schriefftlich auffsetzen, wie man den braunen köhl kocht, undt schickt mirs! Meine koch sollens versuchen. Ich hette auch gern eine abschrifft, wie sauerkraut gekocht solle werden. *4.2.1714(G)*

Hir im landt macht man keine bretzelln; es ist mir leydt, den ich eße sie hertzlich gern mitt frische butter, kümel undt saltz. Wan man waß ist, daß schmeckt, kompt der apetit wieder. *24.10.1715(G)*

Ich eße auch viel obst, aber vor den magen finde ich die metwürst beßer. Bradtwürst eße ich auch gern; es deücht mir aber, daß man sie beßer bey unß, alß hier, macht.
11.7.1720(G)

Ich eße gar wenig trauben, nur morgendts eine grape mousqueteller, den daß hilfft mich morgen zu stuhl gehen; nachmittags, noch ahn taffel eße ich keine, nur ein apffel, so man hir pomme de Calville heist. *2.11.1720(G)*

Ich habe daß gutte werck, die fasten zu halten, nicht gethan; ich kan daß fisch eßen nicht vertragen undt bin gar woll persuadirt, daß man beßere wercke thun kan, alß seinen magen verderben mitt zu viel fisch eßen. *30.3.1704(G)*

Ich nehme noch weniger zeügs alß E.L., denn mein leben nehme ich weder café, thé noch chocolat. Nehme ich café, glaube, daß ich närisch würde werden; vor etliche jahren habe ich es einmahl versuchen wollen, allein es stiege mir dermaßen im hirn, daß ich kein aug zuthun konte undt die gantze nacht wachen muste undt hatte 10mahl mehr undt unruhigere gedancken alß ordinari. Der chocolat thut mir wehe im magen undt das thé verhindert mich met verlöff met verlöff auff den kackstuhl zu gehen, habe also allem dem zeüg abgesagt… *18.9.1698(T)*

TRIANON

…Ich bin auch gar woll logirt, habe 4 kammern undt ein cabinet, worinen ich E.L. schreibe, daß hatt außsicht auff die sourcen, wie man es heist; die sourcen seindt ein klein holtzgen, so so dick ist, daß im hellen mittag die sonn nicht drin scheinen kan; drunter seindt mehr alß 50 brunen, die machen kleine bächelger, die nur ein schu breydt sein, so daß man sie alle überschreytten kan, sie seindt mitt gasson bordirt, die formiren kleine inseln, die weydt genung sein, eine taffel undt stühl drauff zu setzen, umb dort in schatten spielen zu können; auff beyden seyden seindt wie breyte stiegen,denn alles ist ein wenig en pante (diß könte ich nicht auff teütsch sagen), da laufft auch waßer über undt macht auff beyden seytten eine cascade; ist also, wie E.L. sehen, gar ein ahngenehmer ort. Auff der seyteen von meiner kammer gehen die bäume schir in meine fenster; auch heist man die corps de logis, wo die princes de Conti, mons. le dauphin, ich undt mad. la duchesse logiren, Trianon sous bois. Es ist hir nicht wie zu Marly, da niemandts hin kommen darff alß wer genent ist; nachmittags dörffen alle menschen herkommen, undt den gantzen tag bis zum nachteßen wirdt gespilt; weillen ich aber nie spielle undt die spieller nicht incommodiren will, gehe ich gleich nach dem eßen in mein cammer, leße undt schreibe undt blauttere mitt meinen damen undt die fraw von Rotzenhaussen, so nachmittags herkompt; umb 6 gehe ich spatziren biß halb 8, dan komme ich wider in mein cabinet biß um 3 virtel auff 10 gehe ich 'nunder in die gallerie biß zum nachteßen; nach dem nachteßen gehe ich gleich in mein cammer undt zu bett. *21.6.1705(T)*

PIERRE DENIS MARTIN
um1663-1742

Ludwig XV. auf einem Spazierritt vor dem Großen Trianon
Öl auf Leinwand, 1724
Schloß Versailles

…den ich kan weder thé, caffé, noch chocolatte vertragen, kan nicht begreiffen, wie man es gern drinckt. Thé kompt mir vor wie heü undt mist, caffé wie ruß undt feigbonnen, undt chocolatte ist mir zu süs, kan also keines leyden, chocolatte tthut mir wehe im magen. Waß ich aber woll eßen mögte, were eine gutte kalteschal oder eine gutte biersub, daß thut mir nicht wehe im magen. Daß kan man hir nicht haben, den daß bier deücht nichts hir. Man hatt auch hir kein braunen köhl noch gutt sawerkraut. *8.12.1712(G)*

Wie ist es möglich, daß Ihr den stinckenden, bittern caffé lieben könt? Er richt wie ein stinckender ahtem. Es war ein ertzbischoff von Paris, der war rothkopffig undt roch eben so, daß ecket mir abscheülich. Ich konte niemandts ehren undt den caffé drincken, viel leütte lieben daß stinckende zeüg hir. *27.6.1722(G)*

Tockeyer wein ist gar gesundt, wen er mitt moderation gedrunken wirdt, aber zu viel erhitzt undt verbrendt den innerlichen leib so erschrecklich, daß nichts mehr zu helffen ist. *19.7.1720(G)*

Ich bin persuadirt, daß der wein gesunder, alß das bier ist; den nembt war! leütte, so allezeit bier drincken, stincken eher, alß die, so wein undt waßer drincken.

10.5.1703(G)

MODE

Es kan niemandts, wer es auch zum poßen thun wolte, keine heßlichere, noch abscheülichere moden vor mäner undt weiber erdencken, alß nun sein. Ich erschrick offt, wen ich es sehe, meine, die leütte kommen auß dem dollhauß oder auffs wenigst von dem bal en masque. *14.8.1721(G)*

Ich weiß viel damen hir, so auch dem beaume blanc auffs gesicht schmiren, wen er mitt esprit de vin zugericht wirdt. Monsieur s. hatt mirs einmahl auff daß gesicht schmiren wollen, ich habe es aber nie leyden wollen, will lieber sein mitt meinen runtzellen, alß weiße sachen auff mein gesicht schmiren, den ich haße allen schminck, kan kein rodt vor mich selber leyden. *26.2.1711(G)*

Es ist auch wahr, daß jetzt weniger leütte schön sein, alß vor dießem wahren; ich glaube, sie veralten sich mitt ihrem schmink. *29.9.1718(G)*

Niemand hat Parfum gehabt als die alte Zott, die hatte allezeit handschue von Jasmin. Der König konnte es von niemand leiden also von ihr. *12.5.1719(W)*

PARIS

…den Paris ist der ort von der gantzen weldt, wo ich ahn ungernsten bin; erstlich so finde ich daß leben dort unleydtlich, zum andern so ist mir die lufft ungesundt, undt zum 3ten so bin ich gottsjammerlich übel dort logirt, undt zum 4ten so habe ich in dem ort so erschrecklich viel gelidten, daß mir schaudert, wen ich noch dran gedencke, so baldt ich mich in daß wüste Palais-Royal befinde. *23.11.1719(G)*

Aber wider in dem trawerigen Paris zu sein, mitt vielen leuten geplagt zu werden, daß ist mir sehr entpfindtlich; auch im voll zwang alles thun müßen, waß ich so bitter ungern thue, daß lest sich gar woll fühlen. Aber es ist unnothig, davon zu reden; den es ist kein mittel dazu, ist mein beruff, muß also gott still halten, mich ahnstellen, alß wen ich nicht trawerig were, ob ich es gleich im hertzen bin. Daß habe ich hir braff gelehrnt; den man will hir, daß man allezeit gott dancken solle, daß glück zu haben, in Franckreich undt in Paris zu sein; undt diß seindt aber glücke, die ich gar woll entbehren könte undt niemandts mißgonne. *3.12.1719(G)*

Die poetten vom Pont neuf haltens vor eine Schuldigkeit, lieder zu machen, wenn jemandts vom königlichen hauß stirbt; es ist poßirlich zu sehen, wie sie ihre lieder singen: sie stehen auff bäncken, schreyen was man auß den halß kan, haben altfranckische rabatten ahn alle ihre kleyder undt hüdte; ein übeller geiger accompagnirt die stim, undt wenn sie den König oder sonsten jemandts vom königlich hauß nenen, mach sie große reverentzen im vollen singen. *27.3.1712(T)*

Flämischer Künstler

Pont-Neuf mit der Kutsche
des Königs, rechts der Louvre
Öl auf Leinwand, um 1670
Museum Carnavalet, Paris

Es endert sehr, wen man die peruque nimbt oder abzicht. Es seindt viele leütte, welche die eygene haar gar übel stehen; mein sohn ist von denen. *5.5.1720(G)*

Die coeffuren hir seindt gar hoch, aber die haar tregt man nicht mehr so hoch wie vor dießem, seindt auch nicht mehr so starck gezogen, noch die coeffure so geradt in die hohe. Sie bigen sie jetzt so sehr, daß, so baldt 2 weibspersohnen ein wenig nahe mitt einander sprechen, hencken sich die spitzen oben ahn einander, daß man nicht wider von einander kommen kan, ohne eine 3te person zu ruffen, so einem wider loß macht; mein tochter undt ich seindt gestern 2 mahl so stecken blieben, daß ist recht poßirlich. *5.11.1695(G)*

Meine eintzige continuirliche kleydungen seindt grand habit undt jagtskleydt, wen ich reitte; sonsten trag ich nichts, auch mein leben keine robe de chambre noch manteau, habe auch in meiner garderobe nur einen entzigen nachtsrock, nur damitt auffzustehen undt zu bette zu gehen, sonst nichts. *2.9.1694(G)*

Wie ich sehe, so tragen E.L. ebenso ungern alß ich die schwere kleyder; wenn man mir neüe machen will, ist allezeit mein ordre, daß sie nicht schwer seyen. Es ist keine lust zu spatziren, wenn man schwere kleyder ahn hatt. E.L. könten noch beßer schwere kleyder tragen alß ich, denn sie haben ein schmahle taille; ich aber mitt meinen dicken hüfften undt met verlöff met verlöff dicken hintern habe genung zu thun, mich selber zu tragen. Sammet mitt golt muß schwer sein; ich trage den sammet ganz schlecht, allein man gibt mir gebutzte unterrock dazu, die offt nur zu schwer sein. *19.12.1694(T)*

ÄRZTE

Ich bekümere mich wenig umb der docktoren ungedult. Wie ich den meinen gewehlt, habe ichs ihm zum vorauß gesagt, daß er keinen blinden gehorsam von mir zu fordern hette, daß ich ihm zwar erlaube, seine meinung zu sagen, sich aber nicht zu ärgern, wen ich sie nicht allemahl folge, daß meine gesundtheit undt mein leib mein seye, wolle ihn also gouverniren, wie ichs selber apropo finde. Die docktoren müßen woll waß daher sagen von ihrer kunst, umb sich nöhtig zu machen; ich finde aber nichts gelehrters, alß die natur, laße also selbige walten; wen sie fehlt, alßden hatt sie hülff von nohten undt noch zeit genung, daß man sich mitt quackleyen plagt. die docktor können kaum kranckheytten heyllen; wie wolten sie den selbige vorkommen! Wen man sich ahn daß docktoriren gewohnt, wirdt die natur faul undt man findt sich gezwungen, alle jahr wider daßelbe zu thun, welches ein ellendes leben macht. Alle artzeneyen seindt mir so zuwider, daß, wen ich eine medecin nehmen muß, kan ich die gantze nacht nicht schlaffen, undt wen ich sie genohmen, bin ich gritlich wie eine wandtlauß. Ich abrobire, daß man waß braucht, wen man kranck ist; aber ehe ich kranck bin, bringt man mich nicht dazu. Daß aderlaßen kan ich nicht vertragen, es benimbt mir gleich alle kräfften; ich muß gar kranck sein, wen ich zur ader laß. *2.5.1705(G)*

Zu dem ist mir gestern mein leibdocktor gestorben, so gar ein feiner, ehrlich undt trewer man war, welches ein rar möbel in Franckreich ist undt schwer wider zu ersetzen. *26.1.1709(G)*

Ich halte viel von den docktoren, so behutsam mitt ihren krancken umbgehen undt die natur suchen zu folgen. Morgen wirdt ein neüer dockter seinen eydt bey mir ablegen, ein junger mensch von 42 jahren. Dießer ist mein 4ter dockter, seyder ich in Franckreich bin, der wirdt mir woll den garauß machen, weillen ich bey 15 jahren elter bin, alß er. *23.2.1709(G)*

Mein docktor ist ein geschickter man; er hatt auch so gutte minen, daß man ihn eher vor einen obersten, alß vor einen docktor, ahnsehen solte. *18.10.1715(G)*

E.L. konnen nun woll gottlob ohne sorgen vor meine gesundtheit sein, denn ich werde täglich beßer; die stärcke ist zwar noch nicht groß; das hertz habe ich immer gutt gehabt undt bin nie übel noch ohnmächtig worden, auch nicht einmahl von dem so gar starcken aderlaßen, denn sie haben mir ahm fuß gelaßen alß wenn ich ein schwein were undt sie bludtwürst von nöhten hetten. *5.12.1712(T)*

Ich will Eüch, liebe Louise, mitt wenig wortten verzehlen, wie meine aderläß abgeloffen. Erschreckt nicht über, waß ich Eüch verzehlen werde, liebe Louise! den es ist nichts, ich bin woll. Mein balbirer lest gar woll zur ader, hatt mich auch woll gelaßen. Wie ihn ahn der zweytten palette war, sehe ich den balbirer ahn; der fengt ahn, zu wacklen, sicht auß wie der bitter todt undt wirdt ohnmachtig; hett ichs nicht in acht genohmen, were der kerl auff mich gefahlen. Er sahe abscheülich auß, ist sujet von den migrainen, die machen ihn rack ohnmachtig. Wie er wieder zu sich selber gekommen war, hatt er mir den arm zwar verbunden, ich glaube aber, er wuste nicht, waß er that; hatt mir den arm so übel verbunden, daß mir die ader wieder auffgangen, hab zimblich bludt, verlohren. Daß ist noch nicht alles. Wie ich

JEAN BAPTISTE
MARTIN
1659-1735

Stadt und
Schloß Versailles,
Ludwig XIV.
besichtigt
das Reservoir
von Montbauron
Öl auf Leinwand. o.J.
Schloß Versailles

von taffel kommen, habe ich kupfferstück besehen undt bin drüber entschlaffen. Ich weiß nicht, ob ich im schlaff den ellenbogen ahm stuhl gestoßen. oder waß mir geschehen, aber meine ader ist zum 3ten mahl wider auffgegangen, habe mehr, alß noch eine palette, von bludt verlohren; daß hatt mich sehr abgematt. *2.5.1722(G)*

HAUSMITTEL

Die docktoren können die haußmittel nicht leyden undt die seindt offt beßer undt heylsamer alß alle ihre regeln. *22.6.1709(G)*

Gegen Husten

...er nimbt daß gelb von einem ey, daß lest er zerkloppen, daß es wie ein schaum wirdt, lest apart waßer sieden mitt zucker undt zimet undt wen es im vollen soht ist, thut er daß ey hinein undt machts so warm drincken, alß man es leyden kan, aber es muß 3 stundt nach dem nachteßen sein; daß verhindert daß man nachts nicht hust undt mach woll schlaffen, schmeckt gar nicht übel. *25.2.1714(G)*

Früh aufstehen

Daß ist ein irtum, daß früh auffstehen ungesundt ist. Es ist nicht ungesundt, wen man nur nicht spät schlaffen gangen; contrari frühe nach bett zu gehen undt frühe auffstehen ist recht gesundt. *19.5.1707(G)*

Wein

Ein par loffel vol Moßeller wein ist ein leicht undt nicht unahngenehme artzeney, lest keinen bößen geschmack hinter sich. *2.3.1709(G)*

Nieren

Die nierenschmertzen mogen woll von ein wenig sandt kommen. Wen ich es habe, macht man mich über leinsamen drincken etlich tage. Man knüpfft dießen samen, ein ducatten schwer, in ein tuch undt lest es 24 stunden in waßer hencken, darnach zicht man es herauß undt man drinckt daß waßer, es seye ahn taffel unter den wein, oder wie man will; es lindert gar gewiß die schmertzen undt macht pißen.
12.3.1715(G)

RELIGION

Wie ich in Franckreich kame, machte man mich mitt vielen bischoffen undt ertzbischoffen sprechen, umb, wie man sagte, meinen catholischen glauben zu stercken, allein ich hatte mühe, zu sehen, wo der catholische glauben war; in general brachte man die sach zwar gleich vor, in der außlegung aber war kein eintziger, der die sach wie der andere glaubte. Das machte mich damahlen recht zu lachen, were aber recht irr worden, wenn ich nicht vorher schon mein parthey gefast hette undt wie jener Engländer sagte, mon petit religion à part moy genohmen hette. *17.7.1698(T)*

VERSAILLES

Alle die, so das bawen lieben, haben daß, daß sie gern endern undt wider ahnfangen; unser König hir ist auch so, es ist kein ort in Versaillen, so nicht 10 mahl ist geendert worden, undt offt geschicht, daß es nicht beßer wirdt. *29.6.1710(T)*

Wie ich erst in Franckreich kam, wolte ich nachts im gartten zu Versaille spatziren; der Schweitzer, so die wacht hatte, wolte mich nicht durchlaßen. Ich sagte zu Ihm: "Guter Schweitzer, last mich spatziren! Ich bin deß könig bruders fraw." "Hatt der könig den ein bruder?" sagt der Schweitzer. Ich sagt: "Wist Ihr das nicht? Wie lang dint Ihr den dem könig?" Er sagte: " 30 jahr." Ich sagte. "Wie? Wist Ihr den nicht, daß der könig ein bruder hatt? Man mach Eüch ja daß gewehr nehmen, wen er vorbeyfährt." "Ja", sagt der Schweitzer, "wen man die trumel schlegt, nimb ich daß gewehr. Waß gehts mich ahn, vor wem es ist? Ich habe nie gefragt, ob der könig weib, kinder oder bruder hatt; da frag ich nichts nach." Ich habe den könig hertzlich mitt dießem dialogue lachen machen. *20.7.1719(G)*

Trianon ist gantz nahe, nur ein stuckschuß weit von Versaille; da ist der schönste gartten, so in der weldt mag gesehen werden. Mich wundert, daß Ihr nichts davon gehört; den niemandts ist jemahlen zu Versailles geweßen, ohne Trianon zu sehen. *6.8.1705(G)*

JEAN BAPTISTE
MARTIN
1659-1735

Blick vom Schloß
auf den Marmorhof,
die Seitenflügel
und die Marställe
Öl auf Leinwand, o.J.
Schloß Versaille

Mein Beichtsvatter undt ich disputtieren offt starck, aber ich laß ihm nichts drein gehen. Was ich gar nicht leyden kan, ist, daß er die reformirten verdammen will, undt ich soutenire ihm, daß das nur ein möngengespräch undt gezänck ist undt daß alle wahren christen, sie mögen catholisch, lutherisch oder reformirt sein, all eines glaubens sein, wenn sie Gott lieben, dem negsten nichts zu leydt thun undt sich der gutten werck, so die rechte früchte des glaubens sein, befleißigen, undt daß sein urtheil niemandts salviren noch verdammen kan undt, was er auch sagen mag, daß ich nie anderst glauben werde. Da sehen E.L., daß ich offt härter disputire, alß vor die langeweille, so mir das lateinische geblerr gibt; so pfaffenwerck kan ich vor meinen todt nicht leyden. *8.5.1710(T)*

Von der religion gebührt mir nicht zu reden. Ich bin nicht gelehrt genung zum predigen; ich lebe meines glaubens undt laß ein jeden den seinen leben.

29.4.1704(G)

Gottes weißheit ist, wie der allmachtige selber, unendtlich, also weiß er selber allein, warumb alles geschicht. Wir müßen der vernunfft folgen, so er unß gegeben, ihn aber im überigen gewehren laßen undt seinen willen unterwerffen, undt weill er die weldt so geliebt, daß er unß seinen eingebohrnen sohn geben, auff daß alle, so an ihm glauben, nicht verlohren werden, sonder daß ewige leben haben, so konnen wir ja woll ruhig undt zufrieden sein; den schickt er unß hernach waß übels zu, will er unß züchtigen in dießer welt, damitt wir es nicht in jenner welt sein mögen, welches ein großer trost ist undt ruhig kan sterben machen. Schickt unß gott freüde, ist es occasion, ihn zu dancken undt unßere liebe gegen ihm zu vermehren. Also wendt gott alles zu unßerm besten, wen wir es nur recht auff- undt ahnnehmen. *11.12.1717(G)*

Es ist eine verdrießliche sache, daß die pfaffen machen, daß die Christen einander so zuwider sein müßen. Die 3 christliche religionen, wen man meinen raht folgte, solten sich vor eine halten undt sich nicht informiren, waß man drinen glaubt, sonder nur ob man nach dem evangellion lebt, undt dagegen predigen, wen man übel lebt, aber die Christen unter einander heürahten laßen undt in welche kirch gehen, alß sie wollen, ohne es übel zu finden; so würde mehr einigkeit unter den Christen sein, alß nun ist. *22.1.1697(G)*

Ich weiß noch alle lutherische lieder undt reformirte psalmen, so ich gewust habe, undt singe sie noch offt. Ich leße auch alle tag in meiner teütschen bibel ein psalm, ein capittel im alten undt eines im neuen testament, bin also bibelfest genung. die frantzösche catholische seindt bey weittem nicht wie die Teütsche, Spanier, Portugaisen undt Ittaliener. Erstlich so kan man sie nicht vor papisten schelten; den sie fragen dem papst gar nichts nach undt halten ihn nicht vor unfehlbar, sondern nur vor daß haubt der geistlichen. *26.3.1705(G)*

…ich fange heütte ein wenig spätt ahn zu schreiben; den wie ich gestern wegen meiner kleinen Pariser reiß nicht haben meine capittel in der Bibel leßen könen, habe ich es heütte gethan, welches mich 3 stundt auffgehalten; den ich habe 12 capittel geleßen, 4 im 2 buch Moses, 4 psalmen undt 4 capittel in Sanct Matheo. *25.7.1720(G)*

Ich kan unmöglich predigen hören ohne zu schlaffen undt eine predig ist ein recht opium vor mich. Ich hatte einmahl hir einen starcken husten undt war 3 nächte geweßen ohne ein aug zu zu thun, da fiel mir ein, daß ich alß in der kirch schlaff,

ST. CLOUD

Es ist gewiß, daß wenig schönnere örter, alß Sein Cloud, sein; ich bin auch recht königlich hir logirt, habe gutte lufft, gutt waßer undt die schonste außsicht von der welt. *5.5.1719(G)*

Nun ist es mir leydt, den es ist kein wetter komen, Ich schreibe Eüch, liebe Louise, ahn meinem offenen fenster, wo ich die schönste außsicht von der welt habe; gantz Paris macht mein horizont, vor mir ist ein flach felt, auff der lincken handt ist daß gantze bois de Boulogne undt die steinerne brück; auff der rechten seytten sehe ich 3 schönne dorffer, Vanvré, Veaugirar undt Issy; die Seine fliest zu nahe bey dem gartten, drumb kan man sie von meinem stockwerck nicht sehen. *7.8.1721(G)*

Es bekompt mir gar woll, von Paris weg zu sein, ich finde meine gesundtheit sehr verstärckt. Hir ist die lufft gantz parfumirt; wenn ich morgendts umb 6 die fenster aufmachen laße, riche ich die lufft wie ein bouquet blumen, welches woll different von Paris, da man morgendts nichts alß (met verlöff) außgeleerte nachtstül undt kammerpot richt, welches gar kein ahngenehmes parfum ist. *11.5.1721(H)*

Ich war gestern ein wenig müde, den ich hatte bey dem so gar schönen frühlings-wetter zimblich starck spatzirt; 8 nachtigallen gaben mir im holtz eine gar ahngenehme serenade, ich hörte sie auch gar lang zu. Aber die warheit zu sagen, so singen sie in dießen landern nicht so woll, alß bey unß, ist nicht so hell undt net, schlagen auch nicht so lang; aber es seindt nachtigallen, gefallen also. *30.4.1722(G)*

ETIENNE ALLEGRAIN
1644-1736

Schloß und Gärten von Saint-Cloud
Öl auf Leinwand, o.J.
Schloß Versailles

Sobaldt ich predigen oder nonen singen höre; führ derowegen in ein Kloster, wo man predigen solte; die nonen fungen aber kaum ahn zu singen, da schlieff ich ein undt schlieff die 3 stundt über, daß das office wehrte; welches mich gantz wider erholte. *19.3.1693(T)*

Wenn E.L. catholisch wehren undt in die kirch gehen müßten, würden sie es noch langweilliger finden, denn es ist nicht allein gantz keine verenderung drinen, sondern man hört auch immer nichts alß voyellen singen, alß a a a a, e e e e, o o o o, i i i i, welches einen auß der haudt vor purer ungedult fahren macht. Nach der meß de minuit freßen ist bey allen catholischen der brauch, ich aber, wenn ich in den 3 meßen de minuit geweßen, bin ich des knien so müht, daß ich lieber schlaffen gehe alß eße, denn es wehrt hir von 10 uhr an biß umb 1 nach mitternacht. Hir meinen die damen, daß sie ohne vollsauffen nicht lustig sein können; ich bin aber gar nicht ihrer meinung. *15.1.1696(T)*

Mich deücht, man hatt nichts in der kirch zu thun, wenn man nicht singt, undt die zeit wirdt einem lang, andere blärren zu hören; wenn man aber mitt blären kan, hört man die andern nicht so viel undt vertreibt die zeit noch beßer. Übel kan es nicht stehn, denn man geht ja nur in den reformirten und lutherischen kirchen um zu singen. Die menschen müßen woll persuadirt sein, daß das übelle singen Gott gefelt, denn in allen religionen singt man unßerm herrgott, undt außer wenn es durch rechte musicanten geschicht, wie ins Königs meß, sonsten geht es überall gar übel ab; insonderheit in den großen meßen da ist ein gesang, daß man die ohren zuhalten mögt undt recht ungedultig über die voyellen a e i o u wirdt, welche hundert undt hundert mahl repetirt werden, undt da soll doch unßer herr sehr charmirt von sein; ich habe alle mühe, es zu glauben, denn voyellen zu singen kan nie von hertzen gehen; man kan nicht ahn Gott dabey gedencken, undt ich glaube, daß die beste devotion die ist, so von hertzen geht. *7.4.1701(T)*

Ich kan die thorheit nicht begreiffen, so die leütte haben, nach Rom zu ziehen. Den waß vor lust kan es sein, ein hauffen pfaffen in den kirchen herumb zu lauffen sehen? Deßwegen ginge ich nicht von meinem tisch zum fenster, will geschweygen nach Rom. *1.10.1699(G)*

Gestern morgendts kam ein courir ahn, daß der herr papst endtlich den 19 dießes monts verreckt ist, welches die hießige cardinäls sehr betrübt, weillen sie nach Rom müßen, umb einen papst zu machen. Daß kost ihnen viel gelt undt führt sie von Paris, wo sie gern sein. Aber warumb wollen alle die pfaffen cardinals sein undt hernach verzweyfflen, wen sie nach Rom müßen? *29.3.1721(G)*

Im conclave solle es gar doll hergehen, sollen sich nicht allein zancken, sondern auch schlagen; daß muß artig zu sehen sein. *15.5.1721(G)*

Die thumherrn in Teütschlandt verstehen sich beßer, ein glaß wein bescheydt zu thun, alß waß religiongspuncten betrifft. *6.10.1710(G)*

Ich weiß gar viel geistlichen, so gar vergnügt in ihrem standt sein undt nicht weldtlich sein wolten. Daß kan ich nicht begreiffen; den so zuwider es mir auch ist, ein weib zu sein, so bin ichs doch noch lieber, alß ein geistlicher. Dießer standt were mir recht unleydtlich. *31.3.1720(G)*

KURPRINZ VON SACHSEN

Die jagt wehrte biß um 7 abendts, muste mich von haupt zu füßen anderst ahnthun undt wardt also erst nach 8ten fertig. Da kammen mir etliche vissitten undt nach 9 uhr kam der churprintz von Saxsen, welchen ich nach dem nachteßen dem könig pressentirte: Er machte dem könig ein groß compliment ohne ambaras recht mitt gutter manir, recht woll. Es ist ein schönner herr, groß vor sein alter; er ist woll einen halben kopff lenger, alß sein herr vatter, hatt gutte minen; er gefelt alle menschen woll hir, er ist gar nicht affectirt. *30.9.1714(G)*

Waß ich zu dem könig sagte, war nur: *"Monsieur, hier ist der Kurprinz von Sachsen, der wünscht, daß ich ihn Eure Majestät vorstelle"*. Der printz dratt herzu mitt recht hohen undt gutten minen undt machte dem könig ohne dem geringsten ambaras sein compliment, hatt gleich deß könig undt gantzen hoffs aprobation dadurch erworben. Der könig hatt ihm gar höflich geantwortet. Alles ist gar; der printz hatt dem könig seine zwey hoffmeistern, graff Cos undt baron Hagen pressentirt, welche hir auch, so woll alß ihr herr, gar woll gerahten undt sich von jederman estimiren machen. *3.11.1714(G)*

Ich wolte Eüch gern lenger schreiben, aber meine krafften laßen mirs nicht zu, muß nur noch sagen, daß ich fürcht, daß der churprintz von Saxsen mehr passion hatt, zahme jager so jagen undt zu fangen, alß wilde thier. *4.7.1722(G)*

LOUIS DE SILVESTRE
1675-1760

Ludwig XIV. empfängt den Kurprinzen Friedrich August
von Sachsen in Fontainebleau am 27.9.1714,
in der Mitte die Herzogin von Orléans (Liselotte)
Öl auf Leinwand, o.J.
Schloß Versailles

KULTUR

Wie ich nach Franckreich kommen, habe ich Leute dort gefunden, die man in vielen Siecles nicht wieder finden wird. Lulli für die Musik, Beauchamp für die Ballets, Corneille und Racine für die Tragödie, Molliere für das Comique, La Chamelle undt die Beaucal für Actricen, Baron, a la Fleur, Toriliere und Guerin für Acteurs. Alle diese Leute haben in ihrer Art excelliret. *1.7.1718(W)*

Molliere hatt viel artige commedie gemacht, ich glaube aber wie ihr, daß Tartuffe die beste ist. Le missantrope ist auch gutt undt Les fammes savantes. *5.11.1705(G)*

Die vers von Corneille undt Racine, wie auch die commedien von Molliere bin ich eben nicht müdt, wenn sie nur woll gespilt werden, aber es seindt nun aber gar schlegte commedianten ins Königs troupe; die weiber gingen noch woll hin, aber die männer deügen nichts. *22.10.1711(T)*

Ich habe gar eine schönne große bibel zu Versaille, darin seindt in folio schönne kupfferstück; sie ist zu Luneburg gedruckt, gar schon gedruckt undt recht leßlich. Ich leße allezeit drin, wen ich zu Versaille bin; aber zu Marly habe ich eine bibel von Merian von Franckfort, so mir ma tante von Maubuisson s. kurtz vor ihrem endt geben. Wen ich reiße, habe ich biblen in 2 tomen; aber sie haben viel fehler im gedruckten undt etliche wörter seindt auch nicht recht, sie seindt zu Basel getruckt; die wittenbergische habe ich nie gesehen. *20.10.1714(G)*

Ich erinere mich noch woll, zu Hannover die commedie von Wallenstein gesehen zu haben, einer, so Leßler heißt, ersticht den Wallenstein zuletzt in einem bett mitt einer partisanen; ich erinere mich auch noch, daß, wie man die commedie von dockter Faust spilte undt der teüffel den dockter Faust holte, kam die zeittung, daß der bischoff von Osnabruck todt war, welches jederman lachen machte. *10.12.1712(T)*

Im opera ist es weder kalt, noch warm. Waß mich ahm meisten in die spectaclen, operaen undt commedien, führt, ist, die vissiten zu meyden. Wen ich unlustig bin, schpreche ich ungern, undt in meiner logen bin ich in ruhe. Gefehlt mir daß spectacle nicht, so schlaffe ich; der schlaff ist so sanfft bei der mußiq. *12.2.1719(G)*

"In dulci jubilo ho ho, nun singet undt seydt froh ho ho, unßers hertzen wohohone ligt in praesepio ho ho, undt leüchtet alß die sohohone matris in gremio ho ho, alpha es et o". Wo E.L. diß heütte nicht gesungen haben, so bin ich doch versichert, daß die paucken undt trompetter es E.L. vorgespilt haben, weillen es heütte neüjahrstag bey E.L. ist, wünsche E.L. also alles glück undt vergnügen, so sie sich selbsten wünschen undt begehren mögen. *11.1.1699(T)*

Ich habe mich doch ein wenig amussirt, den ich habe eine neüe medaille placirt in meine medaille-kist, ein Neron. Seyder 10 jahr, daß ich die medaillen samble, habe ich nun 957; wo mir gott daß leben noch ein par jahr lest, hoffe ich, es über taußendt zu bringen undt mein sohn nach deß königs medaillé eines von den schönsten undt raresten nach mir zu laßen, so in Europa ist, den alle meine medaillen seindt nicht zu verschlißen, sondern gar woll conservirt. *24.5.1721(G)*

ST. CLOUD

Zu St. Clou glück habe ich mich resolvirt, alle jahr den ganzten frühling undt sommer hir zuzubringen; sonsten wer alles hir zu schanden gangen, den Terra hatt keinen nagel dran zu recht laßen machen seyder Monsieur s. todt. Die schönne gallerie fielle ein, die cascade ging zu grundt, die balustraden wahren umbgefahlen, suma, alles ging zu schanden. Aber seyden ich hir bin undt Terrat gestorben, hatt man alles wider zu recht gemacht wie neü. Die cascade ist schönner, alß nie.

20.6.1720(G)

Die jungen graffen von Nassau Weillburg haben mir versprochen, daß sie Eüch berichten wollen, wie es hir zu St. Clou ist; den ich habe sie überall herumb gezodelt undt daß ganzte hauß gewießen. In dießer jahreszeit, deücht mir, ist es viel beßer auff dem landt, alß in der stadt zu sein, aber nur vor ein par stunden hinzufahren, ist nicht genung. *28.5.1699(G)*

Man hatt mir vor 3 tagen ein pressent (gemacht), einer von meinen leütten (schenkte mir) eine nachtigal, so über die maßen woll singt wie die im holtz; daß höre ich recht gern. Waß ich noch woll so gern höre alß die nachtigallen, das seindt die frösch; deren hore ich auch gantz chorus hir, die ich angenehmer findt, alß daß opera, wie die operaen nun sein. *1.5.1721*

ADAM FRANS
VAN DER MEULEN
1632-1690

Blick von der Seine auf Park,
Wasserfall und Schloß Saint-Cloud
Öl auf Leinwand, vor 1671
Schloß Versailles

ÜBER DAS BRIEFE SCHREIBEN

Gott bewahre mich davor, meine corespondentzen abzubrechen! ich müste vor lange weill vergehen. Ich kan nicht leben, ohne gar nichts zu thun; arbeytten noch spinen kan ich ohnmöglich, allezeit plauderen were mir unerträglich undt würde mir mehr schaden, alß das schreiben; allezeit leßen kan ich auch nicht, mein hirnkasten ist zu verwirdt, umb mich im leßen zu apliciren können; schreiben amussirt mich undt gibt meinen trauerigen gedancken distraction. Also werde ich keine von meinen corespondentzen abbrechen, undt waß Ihr auch sagen mögt, liebe Louise, so werde ich Eüch alle donnerstag undt sambstag schreiben.

13.3.1721(G)

Wehren mir Ewere brieffe nicht ahngenehm, so würde ich ja nicht sagen, daß sie mirs sein, würde auch nicht exact drauff antwortten, wie ich thue. Schreibt man dan nur ahn seine gutte freünde undt verwandten, umb etwaß artiges undt lustiges daher zu machen? Ich meine, es seye viel mehr, umb zu erweißen, daß man fleysig ahn sie denckt, undt daß weillen man nicht mündtlich mitt ihnen reden kan, so erweist man doch den willen, sein vertrawen zu volführen, indem man auffs papir setzt, waß der mundt nicht sagen kan; alßo ist man lustig, müßen die brieffe lustig sein, ist man trawerig, deßgleichen, damitt unßere freünde part nehmen können in alles, waß unß betriftt. *15.5.1697(G)*

Es ist aber kein wunder, wen ich viel fehler in meinen brieffen machen; den alle augenblick werde in interompirt, muß im vollen schreiben mitt 10 personnen sprechen. Ihr soltet Eüch viel mehr wundern, wie Ihr zwey wordt von meinen brieffen werdt sansé undt raisonabel finden. Fragt nur den herrn Gemingen, wie es ein geraß undt gethun ist in meiner cammer, wen ich schreibe! *21.1.1720(G)*

Man kan nicht übeller gehen, alß die frantzoschen posten gehen; sie seindt aber auch unter einem gar curieussen oberpostmeister, dem herrn von Torcy, der hatt mir all sein leben alle meine brieff auffgemacht undt geleßen. Daß, wiewoll sehr impertinent, were noch woll hingangen; den ich frag nichts darnach, wen man meine brieffe lest; aber daß er nach der alten zott willen commantaire drauff gemacht, umb mich von unßeren könig haßen zu machen, daß war zu grob. *2.1.1719(G)*

Vergangen donnerstag habe ich noch einen courir abgefertigt mitt einem brieff ahn mein dochter undt den hertzog von 19 bogen, seytten will ich sagen. Ich schreib auch 2 mahl die woch in Englandt. Meine geringste andtwortten ahn die printzes von Wallis seindt von 18 seydten. Montag schreib ich ahn die zwey königinen von sicilien undt die verwitibte von Spanien, so zu Bajone ist. Mittwogs schreibe ich ahn die hertzogin von Hannover undt alle sontag, dinstag undt freyttag ahn mein dochter. Wie solte ich den im winter fortkommen, wen ich nicht morgendts undt abendts bey dem licht schreiben solte? *28.1.1720(G)*

Man hatt groß recht, sich so sehr umb meine brieffe in sorgen zu setzen; den ich bekümmere mich viel, wie sie lengst wißen sollen, umb stadts-sachen undt politiq; Ihr undt ich werden gewiß dolle händel ahnfangen, Ihr Teütschlandt undt ich Franckreich verrahten. Dieße sorgfältige herrn thäten beßer, auff ihre eygene sach acht zu haben. *27.2.1721 (G)*

VERSAILLES

Es ist schwer, in dießem leben gar vergnügt zu leben, undt vielleicht noch schwerer ahn dießem hoff, alß ahn anderer orter. *30.1701(G)*

Wir seindt hir seyder vergangen montag abendts undt werden zukünfftigen donnerstag wider nach Versaillen wegen der pfingstfest undt der einweyung der neüen capel, so etwaß gar schönnes ist. Alle scheiben seindt wie große spiegel von spigelglaß, alles ist vergült darzwischen. Die gantze capel ist gar schön gemahlt, in der mitten ist gott der vatter, so engel in einer wolcken halten, undt rings herumb seindt chor engel von allerhandt façon; über deß königs tribune ist ein pfingsten gemahlt, wie die feürige zungen auff die apostel undt alle nationen...; dießes stück ist, waß mir ahm besten gefahlt; geraht gegenüber ist, wie unßer herr Christus auß dem grab ersteht; alle andere tribunen seindt die 12 apostellen, zwischen den gemahls ist eine mossaique von blau undt grün undt golt, die 4 evangelisten seindt so gemahlt. Die balustrade ist von blinckendt bronze undt die lehnen drauff seindt in allen tribunen von weiß undt violet marber, große pfeyller von stein, so schneeweiß sein, separiren die tribunen, suma alles ist magnifiq undt schön.

31.5.1710(G)

Ob zwar Versailles die schönsten Spatzirfahrten hat, so fuhr und gieng doch niemand spatzieren als ich. Der König pflegte zu sagen *nur sie würdigen die Schönheiten von Versailles.* *12.7.1718(W)*

PIERRE DENIS MARTIN
um 1663-1742

Schloß Versailles
Schweizer- und französische Garde salutieren der Kutsche Ludwig XV. bei der Fahrt durch den Ehrenhof
Öl auf Leinwand, 1722
Schloß Versailles

…den die brieffe seindt so lang unterwegen, daß es ein ellendt ist. Waß närische leütte seindt doch die, so nicht wollen, daß wir einander schreiben sollen! Meinen sie dan, daß ihr undt ich staadtssachen tracktiren werden? Was geht unß der krieg ahn? Ich haß den krieg wie den teüffel undt wolte, daß schon frieden were. Waß kan den Teütschen undt keyßerlichen, noch den Hollandern, noch den Englandern schaden, daß wir einander sagen, ob wir kranck oder gesundt sein? *8.1.1704(G)*

Von allen meinen corespondentzen waren leyder nur eine, so mich erfreüen konte, undt die ist nicht mehr, nehmblich unßere liebe churfürstin s. Meiner dochter brieff seindt mir ahngenehm, aber sie seindt nie lustig; den sie ist entwetter kranck, schwanger, oder hatt sonst zu klagen. die königin in Sicillien, die mir auch lieb ist, alß wen sie mein eygen kindt were, die ist noch in voller betrübtnuß wegen den verlust ihres älsten printzen. Der königin in Spanien zu Bajonne brieff bestehen in nichts, alß complimenten undt commissionen, undt commissionen, so etlichmahl verdrießlich genung sein, alß zum exempel etlichmahl will sie einen bischoff machen, den ein capitaine au garde, den will sie eine abtey vor jemandts haben, den eine pension. Aber wie ich daß böße sage, so muß ich auch daß gutte sagen. Ich bin der gutten königin doch sehr verobligirt, sie hatt viel zu meines sohnes raccomodement geholffen durch die königin, ihre niepce, mitt dem könig in spanien. sie scheindt gar ein gutt mensch zu sein, aber ich wolte, daß sie nicht so kindische wörtter hette, da ich nicht ahn gewondt bin, alß "hertzgen-mamagen", undt daß "schätzgen" undt "hertzgen" kan ich mein leben nicht gewohnen; also konnen dieße brieff mich ja auch nicht erfreüen. Also kan ich Eüch, liebe Louisse, mitt warheit sagen, daß Ewere liebe schreiben von den ahngenehmbsten sein, so ich jetzt entpfangen kan. *8.8.1715(G)*

TOD LUDWIG XIV.

...muß aber vorher sagen, daß wir gestern daß betrübste undt touchanste spectacle gesehen haben, so man sein leben sehen wirdt. Unßer lieber könig, nachdem er sich zum todt bereydt undt, wie es hir der brauch ist, seine letzte sacrementen entpfangen vorgestern umb 8 abendts undt alles ordonnirt; wie er es nach seinem todt will gehalten haben, hatt den jungen Dauphin hollen laßen, ihm seinen seegen geben undt zugesprochen. Hernach hatt er die duchesse de Bery, mich undt alle seine andere dochter undt enckeln kommen laßen; er hatt mir mitt solchen tendren wortten adieu gesagt, daß ich mich noch selber verwundere, wie ich nicht rack ohnmächtig worden bin. Er hatt mich versichert, daß er mich allezeit geliebt hette undt mehr, alß ich selber gemeint; daß es ihm leydt seye, daß er mir jemahlen chagrin gegeben; er bätte, ich solte mich doch seiner etlichmahl erinern, welches er glaubte, daß ich thun würde, weillen er persuadirt seye, daß ich ihn allezeit lieb gehabt hette; daß er mir im sterben glück undt seegen wünsche undt daß ich all mein leben möge vergnügt zubringen. Ich wurff mich auff die knie, nahm seine handt undt küste sie; er ambrassirte mich. Hernach sprach er ahn die andern; er sagte, er redommandire ihnen die einigkeit. Ich meinete, er sagte es zu mir, ich sagte, daß ich E.M. in diß undt all mein leben gehorsamen würde; er trehet sich herumb, lachelte undt sagte:"Ich sage Eüch diß nicht, ich weiß, daß Ihr es nicht von nohten habt undt zu raisonabel dazu seydt; ich sage es ahn die andern princessinen." Ihr könt leicht gedencken, in welchen standt mich dießes alles gesetzt hatt. Der könig hatt eine fermeté, die nicht auszusprechen ist, gibt alle augenblick ordre, alß wen er nur eine reiß thete. Er hatt ahn alle seine leütte gesprochen undt adieu gesagt. Meinem sohn hatt er alles ahnbefohlen undt ihn zum regenten gemacht mitt solcher tendresse, daß es durch die seele dringt. *27.8.1715(G)*

PORTRAIT VON HYACINTHE RIGAUD

Mein contrefait werde ich ma tante schicken, so baldt es möglich wirdt sein können. Ich werde nach mich selber außmahlen laßen, damitt es ein original sein mag; man hatt sein leben nichts gleichers gesehen, alß Rigeaut mich gemahlt hatt.

18.6.1713(G)

Sobaldt ich wider zu Versaille sein werden, werde ich daß brustbildt bestehlen undt es nach Rigeaut copiren laßen; der hatt mich so perfect gleich gemahlt, daß es zu verwundern ist; da werdt Ihr sehen, liebe Louise, wie alt ich geworden bin.

8.8.1715(G)

Umb zu wißen, ob mein contrefait woll gleicht, so fragt ahn jemandts, so mich hir gesehen, wer daß contrefait ist! so werdt Ihr es gleich sehen, waß man Eüch sagen wirdt. Ich bin nun viel alter undt noch verrunzelter, alß daß contrefait ist; den es ist schon 6 jahr, daß es gemahlt ist, ich will sagen, daß originall; den es ist zu Marly gemahlt worden 2 jahr vor deß königs todt undt es ist nun schon 4 jahr leyder, das der könig todt ist; man sicht doch noch woll, daß ich es bin. *19.10.1714(G)*

Daß were eine rar sach, wen ich im 62jahr, daß man mich gemahlt hatt, schön geworden were, da ich es mein leben nicht im 16, noch 20sten jahr geweßen. Alle meine damen undt die fraw von Ratzamshaussen insonderheit finden, daß mein contrefait außsicht, alß wen ich jemandts außlachte undt einen muttwillen im kopff hette. *5.11.1719(G)*

HYACINTHE
RIGAUD
1659-1743
(Atelier)

Elisabeth Charlotte,
Herzogin von
Orléans
(Liselotte
von derPfalz)
Öl auf Leinwand,
1713
Herzog Anton
Ulrich-Museum,
Braunschweig

LUDWIG XV.

Man kann kein angenehmer kind sehen, als unser junge König ist, hat lange braune Augen, und lange Augenlieder die friesiren; schöne Farben, den Mund gar roth und ein hübsch Mäulgen, lange braune Haare in großer Menge, runde Bäckelgen, das tour vom Gesicht ist nicht zu lang noch zu kurz, aber was er am schlimmsten hat, und das hat er von seiner Frau Mutter, sein Gesicht ändert sich von einer halben Stunde zu andern. Einmal siehet er übel aus, eine halbe Stunde hernach kommen alle Farben wieder. Seine Taille ist artig und gerade, schöne Schenkel und Füße, und hat einen hohen und noblen Gang; setzt den Huth auf wie unser König seel. Weil er wenig spricht, kann man nicht wissen was das Innerliche und sein humor ist. *18.10.1720*

Unßer kleiner könig hir au Thullerie ist in perfecter gesundtheit, gott lob, undt kein augenblick kranck geweßen; er ist gar lebentich undt bleibt kein augenblick in selber postur; die rechte wahrheit zu sagen, so ist er ein ungezogen kindt; man lest ihm alles zu auß forcht, er mögte kranck werden, undt ich bin persuadirt, daß, wen man in corigirte, würde er sich nicht so passioniren undt daß kan ihm mehr schaden, alß wen man ihn allen seinen willen lest; aber jederman will ins königs ganden sein, so jung er auch sein mag. *14.1.1716(G)*

KRÖNUNG LUDWIG XV IN REIMS

Freylich will mein dochter nach Rheims, daß wirdt mich auch hin zotteln machen; sonsten ging ich gewiß nicht hin, den aller vorwitz ist mir vergangen, bin gar nicht curieux mehr, nichts in der welt zu sehen. *23.5.1722(G)*

Gestern hab ich zu Paris die cron gesehen, womit der König gecront wirdt werden; ich glaube nicht, daß man in der welt waß prächtigers undt schöners undt magnifiquers sehen kan; der große demant, so 3 million kost, ist sort, der große sancy mit seinen camerahten machen la fleur de lis, oben zwischen 2 schöne tours de perles seindt große rubinen, Schmaragten undt Topaßen, alles ist so schön eingefast, daß es nicht zu beschreiben ist. *1.10.1722(H)*

Von Rheims hoffe ich Eüch zu berichten können, wie mir die reiß bekommen ist. Mein dochter wünscht unerhort, mich zu sehen undt mir ihre kinder zu weißen, ich fürcht aber, daß sie erschrecken wirdt, wen sie mich in dem ellenden standt sehen wirdt, worinen ich bin, ohne gehen zu konnen, bin erschrecklich mager worden undt habe keinen athem mehr, kan auch nicht eßen. Ich bin nicht in sorgen, mitt artzeneyen geblagt (zu werden), den auß(e)r den elexir werde ich gewiß nichts einnehmen. In keines frembden docktors handen werde ich mich nicht lieffern; will mich gott couriren, wirdt ers durch meine docktoren thun. *3.10.1722*

Andtwortten habe ich ohnmoglich gekönt so woll wegen meiner schwachheit, alß auch wegen continuirlichen gethuns so woll wegen der ceremonien, alß auch alles meiner kinder gethuns, so ich immer umb mich gehabt habe, alß auch sonsten unerhört viel leütte, fürsten, herrn, graffen undt bischöffe undt ertzbischoffe undt cardinäls. Aber ich glaube nicht, daß in der weitten welt waß schönners kan gesehen undt erdacht werden, alß deß königs crönung. Man hatt mir die beschreibung davon vor biß sambstag davon versprochen. Lest mir der gott leben undt gesundtheit biß übermorgen, so werde ich Eüch, liebe Louise, eine gantze beschreibung davon schicken. Meine dochter ist ein wenig verwundert geweßen, wie sie mich gesehen; den sie hatt mir nicht glauben wollen, hatt alß gemeint, meine kranckheit were nur eine außrett. Wie sie mich aber zu Rheims gesehen, ist sie so erschrocken, daß ihr die threnen in den augen kommen seindt, hatt mich gejamert. Sie hatt woll geschaffene kinder, ich fürchte aber, der elste wirdt ein rieß werden, den er ist schon 6 schuh hoch undt doch nur 15 jahr alt. Die andern kinden seindt weder groß, noch klein vor ihrem alter. Der jüngste, printz Carl, ist, waß I.G.s. unßer herr vater alß pflegt zu sagen, “ein wunderlicher heylliger;” daß maul geht ihm nicht zu undt ist allezeit lustig, raisonnirt immer mitt seinen schwester undt recht possirlich; er ist weder hübsch, noch heßlich. Den hübschten in meinem sin von den 3 buben ist der mittelste; von den medger ist die jüngste zwar die hübschte, allein die elste ist so woll geschaffen, daß man sie auch nicht vor heßlich halten kan. *5.11.1722(G)*

PIERRE DENIS MARTIN
um 1663-1742
(zugeschrieben)

Fest nach der Krönung Ludwig XV. im großen Saal des Erzbischöflichen Palais von Reims, 25.10.1722.
Auf der Empore die Herzogin von Orléans und ihre Tochter (ganz links)
Öl auf Leinwand, o.J.
Schloß Versailles

SPRUCHWEISHEITEN DER LISELOTTE

Wen man in ein frembt landt ist, so hatt man die personen, so man in seinem landt lieb gehabt hatt, noch 10 mahl lieber. *18.1.1715G)*

Kinder lieben allezeit die, so die gedult haben, mitt ihnen zu spillen. *13.8.1722(G)*

Wen die Kinder lustig sein, seindt sie gewiß nicht krank; den so baldt sie krank sein, werden sie gritlich. *30.7.1722(G)*

Die eintzige söhn, wen sie delicat sein, werde(n) allezeit verzogene kinder. *18.11.1714(G)*

Man solte keine junge leütte mehr nach Paris schicken; sie lehrnen nichts, alß abscheüliche laster. *24.3.1720(G)*

Junge Leütte meinen alß, sie seyen von eyßen undt stahl und nichts könne ihnen schaden, waß sie mitt lust thun. Aber darnach wirdt ihnen die lust thewer eingetrenckt. *9.7.1719(G)*

Wer ohne man leben kan, ist nicht die unglücklichste. *5.11.1705(G)*

Einer geheürahten jungen frawen, so einen jungen man hatt, zu prophezeyen, daß sie baldt ein kindt bekomen wirdt, deücht mir keine gar große kunst zu sein; da gehört kein hexenwerck zu, kan gar naturlich zugehen. *30.3.1719(G)*

Lautter weiberzeüg ohne mansleütte ist langweylich. *12.4.1695(G)*

Mitt gutten bekanten undt freünden sprechen kan nichts schaden. *23.2.1719(G)*

Die allezeit ander leütte tadtlen, seindt offt die ersten, so in selbige fehler fallen. *13.3.1718(G)*

Die gutte worter seindt gutt, allein von gelt lebt man beßer. *16.12.1694 (G)*

Waß mich nicht brendt, daß blaß ich nicht. *7.2.1722 (G)*

Nichts in der welt macht mehr auß dem mundt stincken, alß falsche zähn. *19.9.1717(G)*

Jedoch so findt man etlichmahl mehr vergnügung in einem baweren-hauß undt -tantz, alß in den grosten palästen bey den schönsten baleten undt ball. *6.6.1676 (G)*

Unßer Pfaltzer wollen nie Schwaben sein, da haben sie recht; die schwaben seindt entweder einfaltig oder falsch. *16.8.1721(G)*

Daß seindt schlimme, aber alte teütsche bräuche, viel zu sauffen. *4.9.1718(G)*

Auch würde man nicht wißen, waß tugendt ist, wen keine laster wehren. *10.4.1710(G)*

Seine händt in unschuldt waschen gibt woll vor sich selber ein ruhig gewißen, allein es gibt kein ahngenehm comerse undt mitt einem ruhigen gewißen kan einem doch die zeit bitter lang fallen undt manche sehr langweillige stunden haben. *10.7.1699(G)*

Glaubt mir! alle, die so sehr in den kirchen stecken, seindt nicht alle mahl die frombsten. *14.4.1707(G)*

I. G. s. unßer herr vatter pflegte alß zu sagen: “Es wirdt nie woll in der welt hergehen, man jage den erst 3 art von charlatans weg, nehmblich pfaffen, dockter undt advocatten .” *11.4.1720(G)*

Ich habe all mein leben gehört, daß nichts ungerahtners ist alß pfarerkinder. *28.8.1720(G)*

Wen man dockter sicht, kan man historger genung erfahren; den sie wißen allezeit etwaß zu verzehlen. *6.4.1709(G)*

Man setzt in zeyttungen, waß man weiß oder nicht weiß, wen nur daß bladt voll wirdt. *21.12.1719(G)*

Man thut woll, nicht alles zu glauben, waß in den gazetten undt zeittungen stehet; den sie lügen abscheülich. *10.10.1720(G)*

Es ist ein wunderliche sache, daß die gar gelehrten so narische maniren ahn sich haben undt nicht wie ander leütte sein können. *25.5.1699(G)*

Die herren rechtsgelehrten seindt fro, daß ein proces langsahm gehet; daß spickt ihnen ihre küche undt keller. *22.4.1702(G)*

Es muß woll etwaß sein, so den himmel helt, wie daß sprichwordt sagt, er fiel sonst ein. *30.11.1720(G)*

Es ist woll war, daß wenig freüden in der welt volkommen sein, die unglücke aber seindt gar volkommen. *23.6.1699(G)*

Es ist gewiß, daß fette leütte lenger jung scheinen, alß magere. *23.4.1721(G)*

Den mänern schadt die betrübtnuß mehr, alß den Weibern; weiber seindts mehr gewondt. *4.5.1719(G)*

Wen man lang gesundt ist, muß man woll wider kranck werden. *3.2.1720(G)*

Es ist nur gar zu wahr, daß man nicht lang gesundt bleibt, wen man alt ist; man muß eher krachen, ehe man bricht. *19.2. 1722(G)*

Alten weibern, wie ich bin, fehlt allezeit waß. *31.7.1721(G)*

Kranck sein und krancken hütten ist daß ellentste leben von der weldt. *29.6.1709(G)*

Ich werden mein gedachtnuß im alter nicht verliehren, den ich habe mein leben keins gehabt. *4.9.1710(G)*

Je lenger man lebt, je weniger, deücht mir, scheut man den todt, denn die weldt wirdt immer schlimmer. *21.1.1717(G)*

Register

Literaturverzeichnis
Quellen:

W A.F. von Veltheim (ed.) Anekdoten vom französichem Hof... Braunschweig, 1789

G W.L. Holland (ed.) Briefe der Herzogin Elisabeth Charlotte von Orléans. (Briefe an die Halbgeschwister), Stgt., 1867/81

T E. Bodemann (ed.) Aus den Briefen der Herzogin Elisabeth Charlotte von Orléans and die Kurfürstin Sophie von Hannover. Hannover, 1891

H E. Bodemann (ed.) Briefe der Herzogin Elisabeth Charlotte von Orléans an ihre frühere Hofmeisterin A.K. von Harling. Hannover, 1895

Biographie

Dirk Van der Cruysse: "Madame sein ist ein ellendes Handwerck" Liselotte von der Pfalz — eine deutsche Prinzessin am Hofe des Sonnenkönigs München, Piper, 1990

Fotonachweis:
Braunschweig, Herzog Anton Ulrich-Museum: Einband, 123
Großenlüder, Gutberlet: 15
Heidelberg, Kurpfälzisches Museum: 19, 23
Paris, Giraudon: 39, 47, 55, 67, 95
Paris, Service photographique de la réunion des musées nationaux:
31, 35, 43, 51, 59, 63, 71, 75, 79, 87, 91, 99, 103, 107, 111, 115, 119, 127
Pattensen, SKH Prinz von Hannover: 83
Speyer, Historisches Museum der Pfalz: 27

INHALTSVERZEICHNIS